60代からは自由に楽しもう

おしゃれ日々更新

梅原ひさ江

講談社

はじめに

私がスタイリストとして独立したのは、1972年。いつの間にか、実に半世紀近くの月日が流れていたことに驚いています。そして、古希を迎えた今、改めて言えるのは「おしゃれは楽しく、幸せな気持ちにしてくれる」ということ。

人として女性として、何となく中途半端な気持ちを抱えて過ごした40代、50代。失われつつある若さをたぐり寄せたぐり寄せ、迷った日々に、明るい日差しが差し込んだのは、60代を過ぎてからでしょうか。

「これが私。これからも、私らしくありたい」

ファッションは夢。いつまでも美しく装いたいという女性の夢、そのものです。おしゃれの経験値を積み、ありのままの自分も受け入れた今、「もう好きなこと、思い切り楽しめば、いいんじゃない？」と、今の私はとても清々しい気持ちです。

70歳を迎えた今言えるのは、シニア世代のおしゃれに「してはいけないこと」などない

というこ と。おしゃれを楽しむ、心のときめきが表現できたら最高だと思います。「初めて」のアイテムにもどんどん袖を通し、冒険するときです。

この本でご紹介しているのは、私が「今後の10年」を見据えて考えたコーディネートです。洋服から小物まで、すべて私物を使っています。

10代、20代では、自分の「スタイル」も見つからないし、「10年後」なんて多分、想像もつかない未知の世界。でも、自分なりのスタイルをある程度確立した50代以降にとっては、10年先はリアルに想像可能な、身近な将来です。

大切なのは、「いかに自分自身の価値を高めていくか」。「どう見られたいか」ではなく、「どう見せたいか」。自分をある意味「大切な商品」と捉え、その商品価値をさらに高め、より魅力的に「魅せる」ために、アクティブに、戦略的に、おしゃれを活用する方法をご提案させていただきます。50代には50代の美しさ、60代には60代の美しさがあることを、私自身が身をもって体験しています。この本が、60代、70代、そして100歳まで「あなたらしく、美しく装う」ためのご参考になれば、幸いです。

おしゃれ日々更新・目次

第3章 「おしゃれ更新」のために私がしていること

本書に掲載した服や小物は一部を除いてすべて著者の私物です。

価格や取扱店舗についてのお問い合わせにはお答えできないことをご了承ください。

64ページ、128・129ページの商品についての情報は2019年9月現在のものです。

第1章

おとなの女性の「お悩み解決」テクニック

01 贅肉はコットンシャツでカバー

スタイリストとして、今までドラマやCMの他、著名人のパーソナルコーディネーターを務めてまいりました。今も昔も、もっとも多くいただく質問は、

「よりスリムに見せるためには、どうしたらいいですか？」

この質問は、時代や年齢とも関係のない、女性の一生のテーマであるようです。

とはいえ、若い世代と私たち大人世代とでは、対処の方法はまったく違います。

たとえ少々ふくよかであっても、内側からパンッと弾むような若いボディなら、Tシャツやカットソーなど、体のラインにピタッと沿うアイテムも健康的に着こなせます。

でも、大人世代の私たちがどれほど筋トレに励んでスリムな体型を維持しても、皮膚のたるみ、ゆるみからは逃れられません。

「肌がたるんでいようと、何でも堂々と着ていれば素敵なのでは？」というご意見もあるとは思いますが、私は「あえて弱点を人目にさらす必要はない」と考えます。

ですから、「スリムに見せる」ためのベストな方法は、輪郭が曖昧になったボディラインは隠す（カバーする）こと。この目的に最適なのが、コットンシャツなのです。

コットンシャツが優れている理由は、第一に、パリッとした素材の質感で印象を若々しくシャープに見せてくれること、第二に、ボディに付かず離れずの距離を保ってくれる生地が、脇や背中など丸くなったお肉のラインを覆い隠してくれること、第三に、「体型カバーのアイテム」とは周囲に悟られにくいこと、です。

「ボディラインは隠す」を原則と考えれば、ピタッとしたTシャツやハイゲージのニット、レギンスは、NGです！　特にレギンスは、脚のかたちも肉付きも、ありのままが露わになってしまいます。「ありのまま」の美しさを享受できるのは、20代、せいぜい30代の若い女性の特権です。諦める勇気を持ちましょう。

そして、これはコットンシャツに限った話ではありませんが、大人世代の装いに若々しさと清潔感を与えてくれるのは、「アイロン」のパワーです。パリッとシワの伸びた洋服をきれいに着ることの清々しさは、10分のフェイスパックの効果に勝ります。

手軽なスチームアイロンでも結構です。きちんとアイロンをかけましょう！

02 ウエストマークが体型の悩みを救う

私たちの体は、年々重力に従順になり、お肉は下へ下へと移動していきます。その結果、体は凹凸を失って長方形に近いかたちに。長方形の上に頭が乗って、手足が伸びている……そんなイラストを想像してみてください。胴が長く、脚は短く見えますね。

この問題を解決するためには、「私のウエストはここですよ！」と、周囲にお知らせする必要があります。これが「ウエストマーク」です。

一番簡単な方法は、ウエスト位置に切り替えしのある服を選ぶこと。この効果は絶大で、脚も確実に長く見えます。

2番目の方法は、125ページのようにトップスをボトムスにインする着方。実は若い世代の間では、この着方が「旬」なのです。アナウンサーのコーディネートをご覧になればわかりますが、「ブラウスをフレアスカートにイン」するスタイルが圧倒的多数。

Tシャツやカットソーなどのカジュアルアイテムであれば、トップスの裾を「前だけイン」する着方も流行っています。ただ、正直言って、格好よく着崩すのは難しいですし、お腹やヒップのラインも気になりますよね。

手軽に、誰にでも実行できる方法は、「必ず、ボリュームのあるネックレス、もしくはストールやスカーフをすること」です。32、33、36、37ページのコーディネートをご覧ください。ストールやスカーフを首元にあしらい、ポイントを上半身の高い位置につくることで、周囲の視線を下半身から逸《そ》らすことができるのです。

ここで〝チュニック一辺倒〟になってしまったら、あなたのファッションは過去10年と同様に今後10年も、ほとんど変わらないことになってしまいます。大きな問題は、チュニックやゴムのパンツの流行で、女性の多くが「自分のウエストを意識する時間が少なくなった」ことなのです。ウエストマークを恐れるとおしゃれが後退してしまいます。

私自身は日常、ふと気づいたときにお腹に力を入れ、しばらく引っ込めておくようにしています。たったこれだけの習慣でも、案外エクササイズになっているものです。どうぞ、「私のウエストはここ」と、意識する時間をつくってください。あとは背筋を伸ばし、颯爽と歩くだけ。美しい姿勢は、あなたを必ず5歳は若返らせてくれるものです。

03 カーディガンは羽織る、が正解

ツインニットはコーディネートの手間もかからず、さっと着るだけでサマになる、とても便利なアイテム。その利点を最大限に生かすため、アンサンブルで売られているニットは、「セット買い」するのが基本です。

とはいえ、大人の女性がツインニットをそのまま「正しく」着ると、真面目を通り越して寂しい印象になりがち。私はカーディガンには袖を通しません。肩にさらっと羽織ると、それだけで着こなしに抜け感が生まれます。

「羽織るため」のカーディガンですから、デザインは丸首と決めています。羽織ったときれいに収まるし、第一ボタンだけ留めればズレてこないのもメリットです。

ツインニットに限りませんが、ジャケットなどに比べ、体のラインが出やすいニットは、ワンサイズ上を選ぶのもおすすめです。体型の変化に対応できるだけでなく、クリーニングを繰り返すことによる縮みを考慮すれば、長く着るための知恵と言えます。

異素材で“赤”を繰り返すことで、ベーシックカラー、ベーシックアイテムが陥りがちな退屈さを解消。季節を問わず、グローブ(手袋)は好きな小物です。

04
禁断のチュニックは デザイン&スタイリング次第

かつてのブームは過ぎ去ったとはいえ、いまだに「チュニックが手放せない！」という方は多いのでは？

そもそもチュニックとは、「お尻が隠れるくらい〜膝上の丈」のトップスの総称。気になるお腹回りやヒップが隠れる丈感は、大人の女性にとっては心強い味方です。素材、デザインともにバリエーション豊富で、細身のパンツさえ合わせればサマになることから、着回しアイテムとして重宝している方も多いのではないでしょうか。

一方で、体型を覆い隠すチュニックを着続けることで、「心も体も緊張感をなくしてしまうのでは？」という声があることも事実。「オバサンの制服」、なんて言葉も耳にしました。着てラクな服は、美しい装いとは言えません。やはり、緊張感のある着こなしこそ、女性を最大限に美しく輝いて見せてくれると思います。

私も「チュニックって、まだ着ていてもOKですか?」という質問を何度も受けたことがあります。皆さん「手放せない……だけど、着続けるのは格好悪いの?」という疑問や不安をもたれているようです。

結論から言えば、「チュニックはOKなアイテム」です。ただし……、条件があります。

素材はハリ感のあるコットン、カラーは清涼感のあるクリアな色味。フェミニンな要素よりスポーティさやシャープ感を感じさせるデザインであること。

反対に、化繊やインド綿のような素材、エスニックな雰囲気を感じさせる地味目な色合い、曖昧色のフラワープリント、ギャザーやレースを多用した甘いデザインはNGです。

こういったチュニックを若い世代は「可愛く」着こなしていますが、若いお嬢さんならば「ガーリー」に見えるスタイルも、私たちにとっては「もっさり」「重たい」「垢抜けない」「老けた」印象を強調するだけ。カジュアルすぎるスニーカーを合わせるのもNGです。

チュニックはそもそも「バランスのいいアイテム」ではありません。ストールなどで上半身にポイントをつくりつつ、「爽やか&軽やか」をキーワードにコーディネートしてくださいませ。

切り替えしのあるデザインなら
ウエストマークで〝着ヤセ〟効果に

チュニックと言えば、ハイウエストからふわりとAラインにふくらむシルエットが主流でした。コットン素材であれば、爽やかな印象に。足元もコインローファーで軽やか。

カフスを折り〝細見せ〟効果でヌケ感を。
高い位置に胸ポケットがあるのも◎

ディースクエアードのチュニックとパンツ。シンプルなデザインにストールで華やかさを。スポーティだからといってスニーカーはNG。フェラガモのパンプスでエレガンスをプラス。

05
年齢が現れやすい首にはスカーフ、巻物を

どれだけスキンケアに時間とお金をかけようと、年齢を感じさせるパーツ、それが首です。時々、「首のシワを隠すためにタートルを着る」とおっしゃる方もいますが、実はタートルネックは曖昧になってきたフェイスラインを際立たせてしまいます。

加えて、女性は手首、足首、そして首の、華奢なパーツを見せたほうが、スタイルよく見えるものなのです。

「首は見せたいけど隠したい」……、こんな願いを叶えるのにふさわしいアイテムこそが、スカーフです。ブラウスなどエレガントなファッションに似合うのはもちろんのこと、シンプルなカットソーなど、寂しげに見えがちなアイテムにプラスすると華やかな雰囲気を演出できます。冬の寒さにも、夏のクーラー対策にも、常にバッグに忍ばせておけるスカーフは、季節を問わず最強で便利なアイテムです。

以前はスカーフと言えば、「エルメス」サイズの正方形（90×90㎝）が主流でしたが、

ここ数年は縦に長いストール型が多くなってきました。皆さんのクローゼットにも、正方形のスカーフが数枚、眠っているのではないですか?

大判の正方形スカーフは、少々ボリュームが出てしまいがちではありますが、24ページでご紹介しているaの結び方なら、こうした大判スカーフの活用にぴったり。隣り合わせの角を2カ所結ぶことで、ボレロのように羽織れます。ノースリーブのワンピースなど、二の腕をちょっと隠したいときや、クーラー対策にも重宝します。

まったく使わないとおっしゃるのなら、いっそリフォームしてしまうという手もあります。正方形のストールの対角線、一番長さの取れる部分を細長い平行四辺形にカットしてしまうのです。これをストールとして使い、余った生地で小さめのポケットチーフをつくってはいかがでしょうか。

あるいは、トートバッグなど、開口部が大きく中身が見えやすいバッグの目隠しとして活用するのも、アイディアです。かごバッグにちょっと結んでおくのもかわいいですね。

スカーフを1日使った後は、すぐにしまわないこと。ホコリを払い、広げてひと晩おいてから収納しましょう。これが長くきれいに使うコツです。

ごく簡単なアレンジ8通り。今日から活用して若々しく

a.正方形のスカーフの隣り合った角を2カ所、結ぶ。ボレロのように羽織る。二の腕隠しや温度調節に。b.対角線に細長く畳み、片方の端近くでひと結びする。首にかけ、結び目に反対側の端を通す。c.長方形タイプのスカーフを、首元でひと結び。下になる側を長めにすると立体感が。d.対角線で細長く畳んで首にかけ、指輪などのリングに通す。両端を後ろで結ぶ。

e.三角形に折ったスカーフを首の後ろでクロスさせ、前で結ぶ。f.対角線に細長く畳み、３カ所に結び目をつくったら、首の後ろで結ぶ。g.長方形に細長く畳んだスカーフを、前でかた結びに。h.ツイリースカーフ（リボン状の細長いスカーフ）を蝶結びしながら、片端の輪は抜いて端を垂らす。

06
トップスは半袖NG。ボトムも中途半端な丈はNGです

先日、歌謡番組を見ていたところ、ある発見をしました。「大人の女性でスタイルよく見える人は、短いスカートで脚は見せても、二の腕は出してない」のです。

もちろん、若さを保つのが仕事の一部でもある芸能人の方々ですから、皆さんエクササイズに励んでいるのでしょう。「細い二の腕」はキープしていらっしゃいます。でも、たとえ無駄なお肉がついていない二の腕でも、若いお嬢さんの肌のハリと比べてしまうと、かえって「痛々しさ」が強調されてしまって……。

特に、中途半端なところで袖が終わってしまう半袖やフレンチスリーブは、腕の太さを強調するので、NGです。気になる部分は出さずに、「大人は五分袖から」と決めましょう。

真夏なら、半袖よりはノースリーブです。この際には、カーディガンを羽織る、プロデューサー巻きにする、あるいはショールを掛けるなどして、二の腕はさり気なくカバーし

てください。

同じ理屈はスカート丈にも当てはまります。私自身は「女性の脚を一番きれいに見せてくれるのは膝下丈」だと思っています。タンクトップ一枚では外出しないのと同じで、もうミニスカートははきません。

ロングスカートやガウチョパンツも好きですが、私が選ぶのはすべて「膝下で一番太い、ふくらはぎを隠す丈」、つまり「足首が見えるくらいのロング丈」ばかりです。

ふくらはぎの一番太い部分で終わるスカート丈は、脚を太く、短く見せてしまいますので、よほど長身でスタイルに自信がある方以外にはおすすめしません。

特にここ数年、ロングスカートが流行していますが、それらも多分、皆さんが思っているより丈はかなり長め。具体的には、113ページのガウチョパンツ、117ページのプリーツスカートのような丈になります。

大人の女性におすすめなのは、膝のすぐ下丈と足首が見えるくらいのロング丈。まちがってもふくらはぎの中央に裾がくるものを選ばないようにしてください。

②

①

④

③

一枚でもサマになる
ブラウスの袖丈は
実は半端丈。
五分袖、七分袖なら
重ね着しても
腕のもたつきが
気にならないのも◎

①マルチカラーのブラウスは何色にも合う万能アイテム。②ジョゼフの七分袖ストライプ。③④はモスキーノ。ひとひねりあるデザインを選びます。

五分袖ブラウス×カーディガン×タイトスカート
定番アイテムでも、ここまで新鮮

このブラウスが白の長袖だったら、つまらないと思いませんか？ 黒や紺をベースにしたマルチカラーのアイテムは、シックにも着られて便利です。

07 デニムのトップスにはビビッドカラーを

手放したくはないけれど、年齢とともに着こなしのハードルが上がるアイテム、それがデニムです。

「作業着」がルーツですから、存在自体がそもそもとてもカジュアルというか、ラフなアイテム。若い世代は〝あえての穴あきデニム〟で、無骨なイメージやセクシーさを楽しんでいますが、これは若さゆえの特権というもの。肌質や体型が気になる世代が、過剰なダメージジーンズを選んだら……残念ですが、ただの作業着になってしまいます。

おすすめは、脚にフィットしすぎないストレートなシルエットで、ダメージ感が強すぎないもの。体型には個人差がありますから、どこのブランドがおすすめ、とは申し上げられないのですが、ひとつの目安として「デザインやシルエットの美しいファッションブランドから選ぶ」のもポイントかと思います。

私が長年愛用しているのは、ＧＡＳ（ガス）ジーンズとアルマーニ。どちらもイタリアのブランドです。大人のデニムスタイルは、「清潔感を大切に、きれいに着こなす」ことが大切。イタリアンブランドらしい洗練されたシルエットと仕立ては、大人が目指すきれいめカジュアルにぴったりです。ジャケットによく似合うのも嬉しいところ。

「どうやって選んでいいのかわからない」という方は、数多くのブランドを扱っているデパートのデニムコーナーを訪れてみてはいかがでしょうか。若い世代に人気のアイテムだからこそ、じっくり試着して、丁寧に選びたいものです。

コーディネートのポイントとしては、ビビッドカラーをトップスに合わせると、すっきりシャープな印象で着こなせます。その際、アクセサリーや靴をカジュアルにしすぎないこと。むしろ「ほんの少しフェミニンに」と意識するくらいで、ちょうどいいバランスに仕上がります。私自身は、スニーカーはカジュアルすぎるので、デニムには合わせません。

リボンやハートなどのモチーフも、デニムとならば甘くなりすぎないので積極的に活用しましょう。反対に、白シャツや黒のタートルなど、定番アイテムのベーシックカラーは、着こなしとしてはきれいにまとまるのですが、大人世代には何となく寂しく地味な印象になりがちなのでご注意を。

少し派手になってしまったトップスこそ
デニム映えするお助けアイテム

GASのデニムはディテールへのこだわりが秀逸。ビビッドカラーのシャツブラウスと同色の大判ストールで、女らしさを意識した着こなしに。色が華やかな分、色数は控えめに。ロールアップし、華奢な足首を強調。

ダメージジーンズは
アニマルプリントでちょっとモードに

ウォッシュの効いたデニムでも品よく着られるのは、アルマーニらしいシルエットの美しさがあってこそ。ざっくりしたニットに、足元は光沢のあるストラップシューズで、可愛らしさをプラスします。

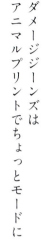

08 ジャケットでボディラインを矯正する

ここ10年程、大人の女性のジャケットスタイルを見ることが、本当に少なくなりました。世の中全体がカジュアル志向の流れの中で、レストランでもどこでも「ほどほどのおしゃれで許される」シーンが、多くなったせいかもしれません。

でも、私は大人がジャケットを着ないのは、とても「もったいない」ことだと思うのです。かっちりしすぎない軽いつくりのものであっても、ジャケットは着るだけで、その人のボディラインを矯正し、美しく見せてくれます。

その秘密は、ジャケットの仕立てにあります。ほとんどのジャケットは肩に薄いパッドが入っており、ウエストがシェイプされています。ですから、ジャケットのシルエットそのものに、体型カバー、引き締め効果が期待できるのです。

後ろ姿を見ても、ウエストの位置がはっきりわかるので、スタイルよく、すらっと脚長に見えます。メリハリのあるシルエットが、体型を3歳くらい若返らせるのです。

大人の女性にとってこんなに心強いアイテムは他にありません。少なくとも、ルーズなセーターにデニムといったカジュアルスタイルよりも、ずっとスタイルはよく見えます。「肩が凝る」とおっしゃるのなら、とろみのある素材を選べば、羽織る感覚で着られます。インナーにはカットソーなど、柔らかなものを合わせてみてはいかがでしょう。

街にカジュアルスタイルがあふれている今の時代だからこそ、大人の女性のジャケットスタイルは、エレガントで上品に、輝いて見えます。そもそも、常に「ラクチンな服」を選んでいては、一生、「おしゃれね」なんて言葉はかけてもらえません！

50歳を過ぎた大人の女性だからこそ、ジャケットスタイルを。私からのご提案です。

オンワードグループが展開する「KASHIYAMA the Smart Tailor」では、上質なオーダースーツが3万円から、最短1週間でつくれます。2着目からはインターネット上でオーダー可能ですので、こうしたシステムを利用するのも一案です。

https://kashiyama1927.jp/

ジャケットにデニムを合わせて。
大人の余裕を感じさせるスタイリング

仕事の打ち合わせに着ることが多い、デニム＋ジャケットの組み合わせ。デニムは32ページと同じGAS。鮮やかな赤は、自己アピールが必要な席に効果的。白と黒の小物使いでシックにまとめて。

ジャケット＋タイトスカート＋パンプスは
女性を美しく見せる最強の組み合わせ

ジャケット＋タイトスカートは体型をカバーし、スタイルよく見せてくれる組み合わせです。ネイビーのジャケットに白ベースではなく、黒のインナーを合わせ、ボーダーのストールで私らしさを表現します。

09 ボウタイブラウスは最強

ドラマや雑誌の撮影で女優さんの服をスタイリングする際、ハイゲージニットのプルオーバーを提案することは、ほとんどありません。理由は、オーバーフィフティの女性にとって、ニットは体型をすっきり整えてくれるアイテムではないからです。丸みを帯びた背中や二の腕のラインも隠してくれませんので、何となくムチッと見えてしまいがち。生活感が出やすいアイテムでもあります。撮影でこんなリスクを冒《おか》す必要はありませんし、白シャツやブラウスのほうが「見た目にわかりやすい華やかさ」を演出するのが簡単です。

体型をカバーするために、ここまで「贅肉を隠すにはコットンシャツが最強」「ストールや巻物で年齢が現れやすい首をカバーする」といったお話をしてきましたが、実はこれらの条件を満たし、なおかつ一枚着るだけで装いをセンスアップしてくれるアイテムがあります。それが「ボウタイ（付きの）ブラウス」です。

ここ数シーズンの流行で、ボウタイブラウスは柄・デザインとともにバリエーションが増えました。首元でリボンを結ぶベーシックなタイプでも、リボンの太さやボリュームはさまざま。お顔のかたちや大きさに合ったものが選べます。

さらにボウタイが縫い止められていない、ブラウス＋ツイリースカーフ（細長いスカーフ）の組み合わせも登場しています。ボウタイありなしの２ＷＡＹで着られるうえに、スカーフだけを単品で使うこともできるので、とても便利。

本来はエレガントなイメージが強いアイテムですが、今はテイストをミックスして着こなすのがトレンドですから、デニムやチノパンなど、カジュアルなスタイルにも。もちろんジャケットやカーディガンのインナーとして、デイリーの着こなしに大活躍します。

この本でご紹介しているコーディネートからもおわかりかと思いますが、私自身は「大人の女性には、どこかキュートな要素が必要」と考えています。

パッと見た目にわかりやすい華やかさ、かわいらしさが、くすみがちな印象を明るく変えてくれるのです。若い世代とは異なり、リボンやドレープなどの甘いディテールも過剰な演出に見えないのは、私たちの武器になります。上手に活用していただきたいものです。

②

①

④

③

デザインバリエが増えて
選ぶのが楽しい
大人のボウタイブラウス

ボウの太さやボリュームの違い、単品のスカーフとしても使えるボウ付きブラウスなど、さまざまなタイプが揃う。①③ジョゼフ ②④モスキーノ

印象を決める
ボウタイの結び方を
マスターして

首にひと巻きして、a.垂らす。b.ひと結びする。c.蝶結び。d.蝶結びした後、片方だけ輪を残しもう一方は端を引き抜いて垂らす。アシンメトリーに結んで。

10 見られたくないパーツは、アクセサリーで目線を外す

①イヤリング・ピアス

イヤリングやピアスは、大人の女性にマスト！ なアクセサリーです。ランチの席など、相手の視界に入るのは上半身だけ。しかも会話中、視線はあなたのお顔に集中しています。

年齢とともに寂しげな印象になってしまいがちなお顔に華やかさを与え、しかも気になるパーツである首から相手の視線を外す最強のアイテムが、イヤリングです。

大きなもの、高価なものをつける必要はありません。極端な話、「何でもいいから、絶対にイヤリングはつけて！」と申し上げたいと思います。

万能なのは、一粒ダイヤかパールでしょうか。コーディネートのテイストやカラーも選びません。でも、本物だとボリューム感に欠けてしまうこともありますので、コスチュームジュエリーで充分です。

②ネックレス

フェイスラインのたるみや首元のシワなどの目隠しに役立つのが、ネックレスです。

少し胸開きの大きなカットソーやVネックなど、地味になりがちなトップスにも欠かせません。タイプ別に似合うデザインを45ページで説明していますが、個人的には、長さのあるネックレスはほとんどつけません。フェイスラインを引き上げるには、できるだけ上半身の上のほうにポイントがあったほうが、感覚的にしっくりくるからです。

ボリュームがあって、しかも長さもあるネックレスをする際は、もう1本細いチェーンタイプをプラスして、バランスを取っています。

ネックレスとピアスは、バランスが大切。両方とも主張の強いデザインは選ばないこと。そして「どちらか」を選ぶとしたら、私ならピアスを選びます。年齢を重ねると、ネックレス自体の重さも気になってきますから(笑)。購入の際は、デザインだけでなく、重さも判断材料になさるといいですね。重みのあるネックレスは、首にくい込んで余計なシワをつくることがありますから、必ず服の上からつけてください。

耳たぶの大きさや耳のかたちに合わせたイヤリングの選び方

ご自身の耳に合わせてイヤリングを選んでいる人は意外と少ないようです。耳たぶの大きさや耳のかたちを意識すると、おしゃれ度がグンとアップします。

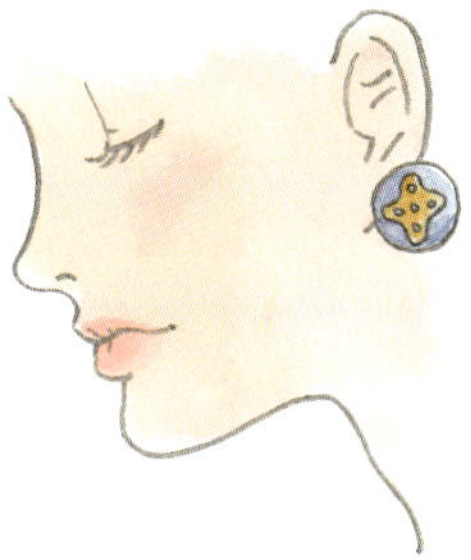

耳たぶの小さい人

寂しくなりがちな耳元をカモフラージュして華やかに見せてくれるデザインのものを選びましょう。

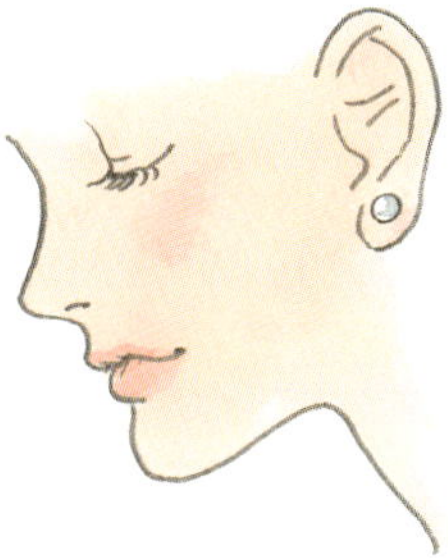

耳が大きい人

福耳タイプの人は、耳たぶに収まるデザインのものを選ぶとバランスがよく見えます。

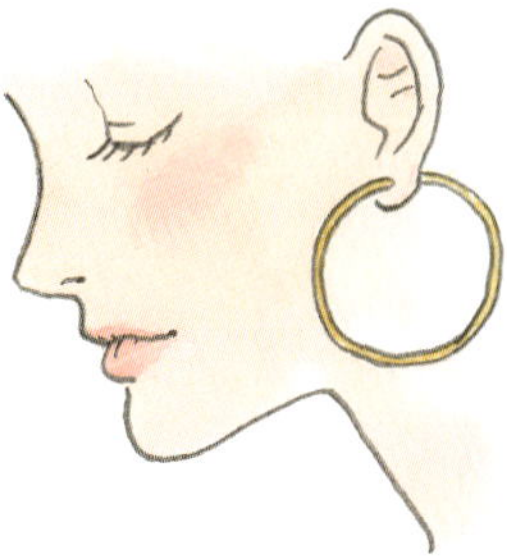

耳が小さい人

耳そのものが小さい人は、存在感の出るフープタイプがおすすめ。ピアスが似合います。

首のお悩みを解決するネックレスの選び方

「首が短い」「太くてネックレスができない」といったお悩みをよく聞きますが、特徴を捉えてネックレスを選ぶと、視覚効果で欠点をカバーすることができます。

首が長い人

鎖骨にかかるくらいの長さのボリュームあるネックレスで華やかにしましょう。

首が短い人

Y字型ネックレスを選ぶと、視覚効果で首をすっきり長く見せることができます。

首が細い人

チョーカーが最も似合うのがこのタイプ。短めのネックレスをアクセントにしてください。ポイントになりますよ。

首が太い人

華奢なネックレスを重ねづけすると、軽やかになり、すっきりスリムに見えます。

③リング

指の関節が太くなったり、「手がゴツゴツと骨っぽくなってきた」というお悩みを、よく耳にします。「大人の指には大振りリングを」とアドバイスするファッションプロもいらっしゃいますが、私はむしろ「気になるパーツは目立たせない」のが最善と考えています。利き腕がどちらかで違いが出るのかもしれませんが、私に関して言えば、右手よりも左手のほうが節も目立たず、きれいな状態をキープしています。

ですから、リングを付けるのは、主に左手。あまり目立たせたくない右手は「リングも控えめに」が基本です。

まずは主役となるダイヤのパヴェリングを左手の中指に。さらに薬指、小指にと、その日の装いに合わせ、色石やパールなど、華奢なデザインのリングを重ねづけしていきます。一方、あまり目立たせたくない右手には、小指にピンキーリングをひとつ、というパターンが多いですね。

指のかたちで似合うデザインは違いますので、48ページも参考になさってみてください。

11 眼元を隠す眼鏡、サングラスの選び方

眼鏡は実用性の高いアイテムですが、手軽にイメージチェンジできるファッションアイテムとして、もっと活用していただけたらと思います。

どんなデザイン・色が似合うのかは、①細めの目には細めのフレーム②垂れ目さんは垂れ目のフレーム③大きな目の人は大きめフレーム。これが基本の3原則です。そして「自分の顔の輪郭と同じ型のフレームは選ばないこと」。つまり、面長な人は丸型が、丸顔の方は角張ったフレームが似合います。自分の輪郭と同じ型のフレームは、輪郭を強調するので、選ばないのが鉄則。フレームの横幅は顔の幅に合わせるか、少し狭めにするとバランスがよいでしょう。

眼鏡のおしゃれの仕上げは、リップカラーです。ネイビーのフレームにはピンク系、茶系のフレームにはオレンジ系と、メイクも着替えると、よりおしゃれな印象になります。フレームの色に合わせることで、普段とは違うリップカラーに挑戦できますよ。

手元のコンプレックスをカバーする、リングの選び方

若いときには自由に選んでいたリングですが、50歳を過ぎるとそうはいきません。コンプレックスをカバーしてくれるリングを選んで、手に自信を取り戻しましょう。

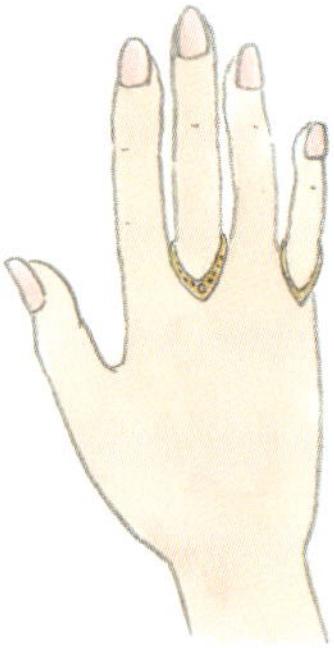

指が短い人

V字デザインのリングには指を長く見せてくれる効果があります。

指が太い人

流行のフォークリングを選ぶと指をすっきり見せることができます。

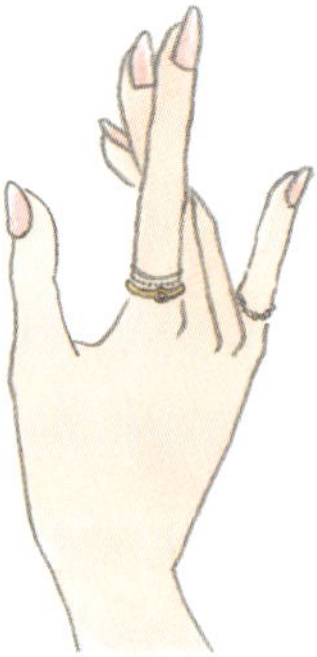

指が細い人

華奢なリングを重ねづけするとエレガントな指先を演出できます。

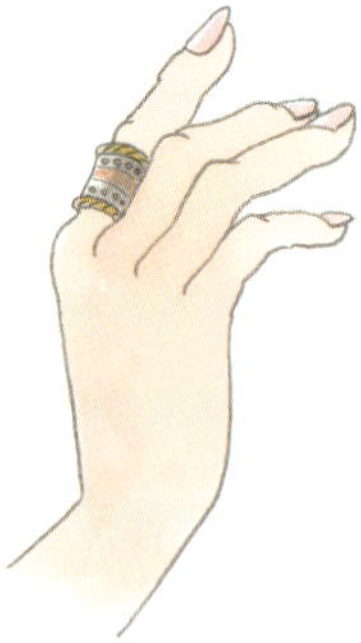

指が節ばっている人

ボリュームのあるデザインのリングで手元を輝かせましょう。

あなたを魅力的に見せるアイウエア

眼鏡選びの基本は、フレームの横幅を顔の幅に合わせるか、それよりも小さめを選ぶこと。リムレス（縁なし）の眼鏡は没個性になるので選ばないようにしましょう。

瞳の大きな人

大きい瞳には大きなフレームを。黒髪、グレーヘアの場合は濃い色が似合います。

細めの目の人

細めのフレームが似合います。知的に見せたいなら直線的なデザインのものを。

垂れ目の人

垂れ目のフレームでチャーミングに。フォックスタイプは垂れ目を強調するのでNG。

12 バイカラーのパンプスは万能

かつてマドモアゼル シャネルは、「4足の靴があれば、世界中を旅行できるわ」と話していたそうです。彼女が愛したのは、ベーシックなカラー2色を組み合わせた、バイカラーシューズ。流行がめまぐるしく移り変わるファッション界において、過去も、そしてこれからも「足元の定番」として活躍してくれるアイテムです。

私自身、20代の頃から愛用しており、中には10年以上現役のものもあります。

その理由は、カジュアルからエレガントスタイルまで、シーンを選ばずに合わせられること。2色使いである分、カラーコーディネートしやすく、それでいて足元に程よいアクセントを与えてくれること。つま先に濃い色を選べば、足元を華奢に、エレガントに見せてくれること……などでしょうか。

一足目として選ぶなら、まずはオーソドックスな「黒×ベージュ」を。ベージュが肌色に馴染み、脚を長く見せてくれる効果も期待できます。

13

大人のスニーカー、スリッポン

ヒールのある靴を手放したくはないけれど、現実的には「長時間履くのは辛い」世代になりました。とはいえ、いかにも「シニア世代向け」のウォーキングシューズだけになってしまうのも、寂しい気がします。

そこで活用していただきたいのが、流行のスニーカーやスリッポンなどのカジュアルシューズです。足元が軽いと、活動範囲も広がります。

赤や黄色など、洋服ではトライしにくい（と、ご自分が感じている）色を購入してみるのも、気分がリフレッシュしていいものです。ただ、私自身は〝白のスニーカー〟は履きません。白はどうしても汚れが目立ちます。履くのなら「真っ白な状態で履きたい」私にとって、白はコストパフォーマンスが悪いのです。

スポーツメーカーのハイテクスニーカーを選ぶ際は、ロゴが目立ちすぎたり、蛍光色を多用したものは、避けたほうが無難です。

①はフェラガモ ②④モスキーノ ③プラダ。ベーシックなタイプから遊びのあるデザインまで。カジュアルにひと匙エレガンスをプラスしたいとき、私はバイカラーシューズを選びます。

多彩な表情であらゆる
シーンをカバーしてくれる
万能バイカラー

脱・健康シューズ！
シニアのローヒールこそ、
デザインや色で遊びたい

⑤

⑦

⑥

⑧

⑤イタリアを代表するスニーカーブランド、スペルガはカラーバリエーション豊富 ⑥どこか優雅なアルマーニ エクスチェンジ ⑦⑧フェラガモのエスパドリーユとスリッポンは、脚をすらりと見せてくれます。

14 サブバッグでトレンド感をプラス

「私は荷物が多いから、華奢なバッグなんて持てない」と思い込んでいませんか？

老眼鏡は当然として、手帳や寒さ対策のストールなど、何かと持ち歩きたい方には、ブランドもののサブバッグが便利。小さなバッグには貴重品だけを入れ、2個持ちすればいいのです。レストランなどではコートと一緒に預けてしまえば、席に案内されるときにも、とてもスマートでエレガントな女性として扱ってもらえますよ。どこにいても〝見た目〟は大切です。

あるいは、「ビビッドな色や大胆なプリントを取り入れてみたい」とお望みの方。洋服で取り入れるのはハードルが高いかもしれませんが、サブバッグならお手軽です。

56ページをご覧いただくとよくわかりますが、サブバッグにはポップなプリントも多く、持っているだけで楽しくなるようなものがたくさん見つかります。カジュアルスタイルに合わせると、コーディネートがイキイキして見える気がしませんか？

たとえ大胆でポップに見えるデザインでも、ブランドがつくっているものだけあって、ファストファッションのポップさとは、ひと味違います。グリーンやブルー、赤の色出しも美しいでしょう?

しかも、サブバッグにはブランドのトレンドやメッセージが反映されていることが多いので、さり気なく旬の空気感を身にまとうことが可能です。こうした手軽なアイテムで、大胆なストライプやフラワープリントなどに、「挑戦」してみていただけたらと思います。

57ページでは、私はニットや靴にも柄物を合わせていますが、こちらは少々上級編。最初は洋服を無地に限定してコーディネートすれば、テクニック要らずで「バッグが主役」の装いが完成します。

お友達から「それどこの?」と聞かれること、間違いなし。いつもそつなく、真面目な着こなしになってしまいがちな方にこそ、取り入れていただきたいアイテムですね。

ときには周囲の目を引く、キャッチーなアイテムを持つことも、お友達から「おしゃれね~」と評価される要素のひとつです。

ポップな色とデザインで
着こなしに軽やかさが

右上から時計回りで、フランスのシューズブランド／アルシュ、ハンター、ジェイエムウエストン、マリナ リナルディ（ストライプ）、アニヤ・ハインドマーチ、中央のポップなイラストがジュエラーのショーメ。プリントが苦手な人こそサブバッグでトライ！

トリーバーチのサブバッグは大胆なフラワープリントが主役級の存在感。私のイニシャルの「H」をつけてアレンジしています。ヘビーユースしているヘルノのダウンベストと合わせて。タイトスカートはジョゼフ。

15 トレンドはボトムスで取り入れる

若い世代とは異なり、大人が流行を追いかける必要はありません。「去年はフラワープリントだったけど、今年はアニマル！」「去年は英国スタイルだったけど、今年はフェミニンスタイル」と、トレンドをただただ消費しているだけでは、何歳になっても「その人らしさ」や「似合うスタイル」は見つからないからです。

とはいえ、そうはいってもどこかに〝旬の香り〟を感じさせていたいもの。トレンドを上手にキャッチするには、デパートでハイブランドのウィンドウを観察するのがおすすめです。ディスプレイされているのは、一番旬のおすすめのものだからです。

最初は何がポイントなのかピンとこなくても、6軒、7軒と眺めているうちに、共通する色やデザインが何となく把握できるはず。同時に、たとえ若い世代に人気のトレンドであっても、「このトレンドは大人には不要」といった判断基準も養われていきます。

そして、私がおすすめしたいトレンドの着こなしは、「ボトムスで取り入れる」こと。

大きなトレンドとしては、ロングスカート、ガウチョパンツ、プリーツスカート、ワイドパンツ、ミニスカートなど。

最近、私が新たに購入したのは、次のページでご紹介している、シルバーのアコーディオンプリーツスカートです。単品で見ると「派手かな？」と感じても、実際に着てみると、ボトムスならばそれほど、気になりません。

何年か前に購入したクルーネックのセーターに合わせて、今風の英国スタイルにコーディネートしてみました。下半身が重たく見えないように、ざっくりとしたマフラーを合わせています。

ご想像してみてください。この組み合わせで、ボトムスが光沢のない無地のスカートだったら、かなり地味になってしまいますよね。

脚のラインに自信のある方なら、プリーツスカートを膝が見え隠れするミニのタイトスカートに代えてもいいかもしれません。その際はロングのコートを羽織ると、全身のバランスがよく見えます。

ただし、大人のミニスカートは、タイツがはける冬だけの「季節限定トレンド」です。

光沢素材のアコーディオンプリーツスカートで
トレンドのブリティッシュテイストも新鮮に

ベーシックアイテム同士の組み合わせなのに垢抜けて見えるのは、光る糸が織り込まれたプリーツスカートだから。シンプルなアイテムこそ、大人には“キラキラ”の要素が必要です。ボトムスならば、派手すぎず、上品に。

トレンドのフォレストグリーンをガウチョパンツで

黒に代わるベースカラーとして、フォレストグリーンに注目。顔まわりから遠いボトムスで挑戦すれば、失敗せずにすみます。スパイスは首元のパールとバッグの赤。差し色で華やかに。

16 美脚に見せてくれるタイツ&ストッキング

年齢を重ねるにつれ、パンツスタイルが中心になってきたという女性が多いようです。確かに、街を見渡しても、スカートをはいているのは若いお嬢さんばかりです。

友人数人に「どうしてスカートをはかないの?」と聞いてみると、「脚に自信がないから」「冬は寒いから」という答えが。気持ちはよくわかりますが、本当にもったいない!

これだけスカート離れが進んでいると、「スカートをはいているだけで、女性はおしゃれに見える」ものなのです。是非、「もっとスカートを!」と、スカートをこよなく愛する私としては、皆さんに申し上げたいと思います。

そのためにも、「美脚に見えて」「冬温かい」ストッキング&タイツをご紹介します。

私自身は、もうかなり前から、「ナマ足」で外出したことはありません。肘や膝は、やはり年齢が一番出やすいパーツ。よく手入れされた美脚は別として、ストッキングをはいたほうが、脚は絶対に細く、美しく見えるものなのです。女優さんにも撮影時はストッキングを着用していただくようにしています。

ところで、「ストッキングとタイツの違い」を、ご存じですか？

キーワードは〝デニール〟。糸の太さを表す単位で、数字が大きくなるほど、生地が厚くなっていきます。私が長年愛用している「福助」さんでは19デニールまでをストッキング、40デニール以上をタイツ、その中間をオペイクタイツと呼んでいるようですが、感覚的には30デニールを超えるとタイツと言っていいのではと思います。

今回、おすすめしたいのは、ほぼストッキングに近い、22デニールの「インタータイツ」。グレー系やネイビー系等のニュアンスカラーは陰翳が美しく、脚をすらっときれいに見せてくれます。30デニールの「ニュアンスカラータイツ」は、ほんのり素肌が透けるエレガントなタイツです。パンプスには22デニール、ローヒールやブーツには30デニール、と覚えておけばいいかもしれません。

冬になると、肌がまったく透けない真っ黒なタイツをはいている人が増えますが、透けないタイツは脚が太く見えてしまいます。少し透明感のあるチャコールグレーに変えるだけで、印象がぐっと垢抜けますので、是非試してみてください。

年間を通して活躍する〝透け感〟が美しいタイツに注目！

③

①

④

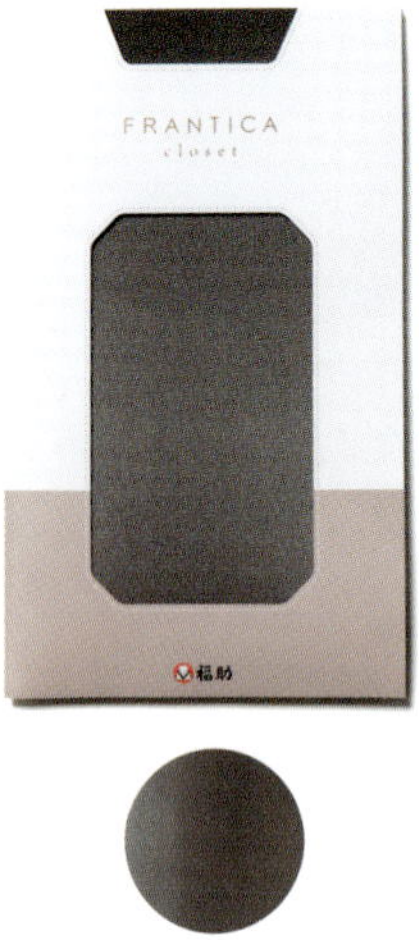

②

ストッキングに近い22デニールは、脚にシェーディング効果をもたらし、美脚に導く「フランティカ クローゼット」インタータイツ ①ブラキッシュブルー ②ピンクベリー ③ホースグレー 各¥600（税別）。透け感のある30デニールタイツで脚をほっそり、年間で活躍する「フランティカ クローゼット」ニュアンスカラータイツ ④シャドーグレー 各¥600（税別）／すべて福助

大人の女性は〝ナマ足〟で外出しない。
ストッキングの美脚効果を再認識して

「福助」の定番シリーズ『満足』は、ナチュラルカラーのバリエーションが豊富で、伝線しにくい。「満足《伝線しにくい》ノンラン ストッキング」色：バーリー¥500円（税別）／福助

17 重宝するアイテム、ケープ

34ページでお話ししたように、私はジャケットが大好きです。仕事の打ち合わせはもちろん、華やかなお席にも、ジャケットは欠かせません。

ただ、春夏はともかく、冬になると途端に、上に重ねるものに困ってしまうのです。ここ数年、コートのシルエットはコンパクトになり、アームホールも小さくなっていますので、ジャケットにコートを重ねると、とても窮屈。

ジャケットの上に大判ストールを羽織る着こなしも飽きちゃったし……と、半年程、熟慮を重ねて辿り着いたのが、「ケープ」でした。

実際に着用してみると、まぁなんて便利なアイテムでしょう！　スーツのようなエレガンススタイルだけでなく、カジュアルにもマッチします。ドルマンスリーブのような、たっぷりとした袖のブラウスにも羽織れます。お着物にも似合いそう。

動くたびに裾が揺れるので、コートよりも軽やか。小柄な方にもおすすめです！

表裏で色が異なる
ダブルフェイスのケープなら、
ますます活躍の幅が広がります

インナーの色を選ばない、グレー×チャコールグレーのリバーシブルで使えるケープは、「ジョゼフ」。万能&最強アウターです。アニマル柄の小物でアクセントを。141ページでも着用。

18

必要なのはふたつの光沢感。ツヤ感とキラキラ感

洗いざらしのデニム、麻の白シャツ、生成りのローゲージニット……これらに共通する要素は何でしょう？　それは、輝きのないマットな素材感です。

ラフなカジュアルスタイルとして、若い女性がさらっと着こなしているのは確かに素敵ですが、これをそのまま大人の女性が真似をするのは、とても危険。なぜなら、「乾いた質感」は、潤いに欠けがちな女性の肌の、「老け感」を強調してしまうからです。

悲しいことに、女性の肌は年齢とともに瑞々《みずみず》しさを失っていきます。そして失ったものは、必ず何かで補う必要があるのです。

私は、大人の女性に必要なもの、それは「光沢感」だと考えています。

「光沢感」とは、大きくふたつ。シルクやパールの輝きに代表される、素材そのものの「ツヤ感」と、ジュエリーやラメなどの光る素材、スパンコールなどを施したアイテムが持つ、

「キラキラ感」です。

私は今まで、たくさんのメディアの仕事をしてきましたが、特にＣＭでは、たとえ出演なさるのが大女優の方であっても、主役は商品です。商品を目立たせるために、女優さんのコーディネートはできるだけ、「キラキラ感」を抑えます。そうでなければ、存在そのものが華やかな女優さんに、視聴者の視線が集まってしまうからです。

裏を返せば、華やかな個性や存在感をアピールするために、ジュエリーなどの輝きが、どれ程重要な役割を果たしているのかが、おわかりいただけると思います。ましてや、私たちの大部分は、強烈なオーラなどもたない一般人。「ツヤ感」と「キラキラ感」がもたらす効果を、できるだけ利用するのが賢明です。

特に、一般的に大人世代が苦手とする、カジュアルスタイルには必須。生成りのニットもラメが入ったものを選ぶだけで、エレガントな雰囲気が加わります。

このルールは洋服だけでなく、靴やスカーフなどの小物からメイクまで、おしゃれすべてに当てはまります。コーディネートには意識して「光沢感」を取り入れて。少なくとも、「全身マット」な装いをすることは、避けていただきたいものです。

19 大人の差し色、迷ったら「白」

不思議なもので、ある年齢までは似合っていた色が、突然、ぱたっと似合わなくなる、ということがあるものです。反対に、似合うようになったり、好きな色が変わったり。

私の場合、仕事が一番忙しかった40代はモノトーン一辺倒。50代はプリントを楽しみ、60歳を過ぎてから一気に〝色〟に目覚めました。多分、心身ともに少し疲れて、気持ちを鼓舞《こぶ》してくれるようなきれいな色を、無意識のうちに求めていたのかもしれません。実際、〝色〟にはそんな心理的な効果が認められています。

肌や髪の色によって、人それぞれに似合う基本の色はカラー診断からわかりますが、私が大人にもっと活用していただきたい色は、〝白〟です。白は女性をゴージャスで華やかに、優雅に見せる色。女優さんの撮影でも、皆さん白が着たいとおっしゃいます。

白には、顔色が明るくなって、シワやシミなどを隠し、フェイスラインを引き上げて見せる、いわゆるレフ板効果があります。さらに、透明感が増して、若々しさを演出できます。

反対に、黒をはじめとした濃色は、顔色を暗く、フェイスラインのゆるみを際立たせてしまいます。ですから、黒のタートルなど、濃色を着たいときには、首元に明るい色、白ベースのスカーフを巻けばよいのです。

「大人世代に必要な差し色は、〝白〟」。こう覚えておいてください。

例えば、紺や黒、焦げ茶などのダークカラーを着て、「何となく重たい印象」「何か物足りない」と感じたとき、白ベースのスカーフや白いバッグなど、小物で〝少量の白〟を効かせると、軽やかでフレッシュな印象になります。

グレーやベージュのグラデーションコーディネートなど、「きれいなんだけど、ちょっと寂しげ」に見えがちな装いにも、白という色が持つ清潔感、スポーティでシャープな印象が、品のよいアクセントになってくれます。

白が全身に占める割合が高くなっていくほど、コーディネートテクニックが必要になっていきますが、差し色として使うのであれば、難しく考えなくても大丈夫。パールのピアスやネックレスなど、面積の小さなものでも、充分に効果を発揮します。白のスニーカーが人気を集めているのも、こんな理由からかもしれませんね。

第2章

「おしゃれ」の心構え

20

「若さ」より「自分らしさ」を重視する

「若々しい女性が魅力的」であることは言うまでもありませんが、これは「若い女性が魅力的」と同義語ではありません。他の誰かと比べるのではなく、「年齢相応」という言葉に縛られるのでもなく、私たちは外見的にも精神的にも変化を受け入れつつ、その人なりの若々しさや美しさを追い求めていけばよいのです。

大切なのは、「変化を受け入れる」こと。50代で似合っていた髪型やメイク、ファッションが、60代のあなたに似合うとは限りません。

例えば、フリルやレースなど、甘く華やかなアイテムが好きな人が引き算を忘れると、そのかわいらしさがご自身の「老け感」を強調してしまう危険性に気づくべきです。

だからといって、地味ならばいいわけではありません。「黒やベージュ、カーキなどのベーシックカラーとシンプルアイテムこそ、何歳になっても着られる服」と思い込んでいませんか？　確かに無難な選択ではありますが、何の工夫もせずに着ていると、「寂しげな人」に見えてしまいます。

私が大切にしているのは、「自分らしさ」です。似合う色やデザインは、人それぞれ違うのですから、「赤は派手」「黒なら無難」「タイトスカートは若い人のもの」といった既成概念に囚《とら》われず、〝今〟の自分を魅力的に見せてくれるものを選ぶべきです。

今の私のクローゼットの中には、モノトーンやアースカラーばかりが好きだった30代、40代より華やかな色味のアイテムが増えました。そしてそれらの色は、かつて10代、20代だった私が好きだった色。古希を迎えて、「似合うカラー」も、一巡《めぐ》りしたのかもしれません。

とはいえ、私自身、いまだに「かつて似合っていた服」を街で見つけて、衝動買いしてしまうこともあります。帰宅して冷静に判断すれば、「今は似合わない」ことを思い出すのですが（笑）。

でも不思議なことに、数年経ってから「あら、今なら似合う！」と敗者復活することもあります。だから「似合わなくて失敗した服」も、クローゼットの中に「チャレンジアイテム」としてとってあります。ある意味、「自分を奮い立たせる服の存在」って大切だと思うからです。目標があるから成長できる。それは何歳になっても変わらない真実ですね。

21 自分のポジションに甘えない

おかげさまで70歳となった今も、スタイリストとして仕事を続けています。

これほど長く続けられたのは、「何歳になっても、美しく装う自分でありたい」「いただいた仕事を、常にベストの状態でお引き受けしたい」という思いが、自分自身のモチベーションとなり、歩みを止めそうになる私の背中を押してくれたおかげだと思います。

疲れた顔で、適当な服をただ着ているだけのスタイリストに、仕事は来ません。お若くて、体力もやる気もあるスタイリストさんは、いくらでもいらっしゃるのですから。

「年齢に甘えてはいけない」。そう考えたからこそ、年齢とともに失われていく瞬発力・機動力を補うための知識を身につけ、経験を糧《かて》とし、自分を常にいい状態にキープする努力も、それほど苦に思うことなく、自然と続けてこられたのです。

私は「自分らしさに磨きをかけること」こそが、自分で自分をプロデュースすること、自分自身の価値を高める「ブランディング」であると考えています。

こうした考え方は、「仕事をしているから」成り立つのではありません。仕事をしていなくても、1人の女性として、「いつまでも美しく装う自分でありたい」という思いは、女性が凛として生きるためのモチベーションになってくれるはずです。

実は、「美しく装う」ために大切なのは、ファッションセンスや財力などではありません。何より、健やかな身体を保つ努力、そしてその人なりの体型をキープする努力が大切です。「痩せてさえいればいい」とは、決して思いませんし、むしろ50歳を過ぎたら「ちょっとふっくら」くらいのほうが、可愛らしく見えるとは思います。でもそれも、限度がありますよね。ある程度の体型を保つことは、ファッションを楽しむためには、絶対に必要です。

とはいえ、私自身、そういった考え方ができるようになったのは、50代後半、更年期が終わった頃でしょうか。精神的に少し余裕が出てきて、その後の「10年」を考えられるようになったのです。

「私は○歳だから、もう遅い」「こんな歳なのに……」なんて考える必要はありません。今の70歳は昔の60歳より若いくらいですから。是非、今日から、ご自身のブランディング、はじめてみてください。

22 70代、80代……これからの私

私自身のファッション史を振り返ると、約10年周期の〝マイブーム〟があったようです。40代はモノトーン一辺倒、50代はプリントの時代、そして60代では色を楽しむ……と前述しましたが、これは恐らくライフスタイルや身体の変化と関係していたと思います。

特に50代は多くの女性が更年期真っ只中で、心身ともに大きな変化を迎える時期です。私も今思えば、若い世代と一緒に仕事をしていく中で、自分から失われつつある若さをプリントで誤魔化し、無意識に現実から目を逸らそうとしていたのかもしれません。

60代を迎えてからは、明るい色にパワーをもらい、自分から周囲へも元気なオーラを発していきたいと思っていました。そして古希を迎えた今、これからの10年を考えています。

最近、気になっているのは、ここ20年ほど、ほとんど着なかったモノトーンのコーディネート。今までは91ページのように、黒い服には赤など、きれいな色で差し色をすることが多かったのですが、１２０ページのようなモノトーンの世界に惹かれはじめています。

あるいは、ベージュやグレーのグラデーションコーディネート。125ページではベージュに明るい朱赤を合わせた着こなしをご紹介していますが、「ベージュの濃淡で、素材の違うアイテムをいくつか重ねたコーディネートも素敵」と、思いはじめています。

実はベージュのグラデーションコーデは50代の頃もトライしたのですが、当時の私には「老け感」を強調するような気がして、満足のいく着こなしができなかったのです。でも、今の私なら、老けたベージュではなく、シックなベージュを着こなせる気がします。いつかまた、アップデートした〝最新の梅原流〟をご紹介できる日がくるかもしれませんね。

こんな風に、これからの10年、20年のおしゃれを考えられるのは、本当に幸せなことです。「明日はどんなイメージで服を着ようか」と考えると、多分、脳もかなり活性化されるのではないかしら(笑)。おしゃれをすると出かけたくなるし、誰かにお目にかかれば、それまで知らなかった情報をいただけて、さらに好奇心が刺激されます。

女性がいつまでも若々しくいられる秘訣は、何歳になっても「食事に誘いたくなる女性」であり続けること。私は一生、そんな女性でいられるように、おしゃれを楽しみながら、自分を表現していこうと考えています。

23 自分を美しく見せる色を知る

その人の第一印象は「見た目」で100％決まります。そして「見た目」の好感度を左右するのは、「顔まわりに似合う色を持ってきているか」です。「似合う色」は、肌や瞳、髪の色によって決まります。

まずは82ページのカラー診断で、あなたに似合うパーソナルカラーを診断なさってみてください。パーソナルカラーは「春」「夏」「秋」「冬」と4つのタイプに分かれます。ご自分がどのタイプに分類されるのかをチェックしてみましょう。

タイプ別の印象としては、「春」の女性はキュートでチャーミングな人。何歳になっても若々しく、フレッシュな印象です。サーモンピンクや朱色系のレッド、オレンジなどの鮮やかな色味を身につけると、肌がきれいに見えます。

「秋」の女性は、大人っぽく知的。落ち着いた印象を与えるので、リーダー的な役割を果たしている人も多そうです。ブラウンやカーキ、モスグリーンなど、アースカラーがとてもよく似合います。ゴールドのアクセサリーでリッチな印象に仕上げてください。

「夏」の女性はエレガントで優しい印象。日本人女性には多いタイプですが、グレイッシュなパステルカラーやレモンイエロー、ボルドー系がよく似合います。ビビッドな色目より、ほんの少し灰色を混ぜたような、ダスティカラーがおすすめです。

「冬」の女性は、個性的でシャープな印象。存在感が大きいので、第一印象で周囲に強いインパクトを与えることができる人。レッドやロイヤルブルー、紫など、強い色目がお似合いです。


4つのタイプごとに、似合う素材や柄、アクセサリーも変わってくるので、83ページをご参考になさってみてください。基本を頭に入れておけば、ショッピングの際、必要以上に悩むことが少なくなるし、失敗も減らせます。

似合うファッションやメイクを実践すれば、周囲から褒められる機会も増えて、自然と自信が持てます。おしゃれがもっともっと楽しくなること、間違いなしです。

似合う色をみつける！

梅原流パーソナルカラー診断

肌の色で当てはまるものを選び、あなたを引き立てる色、素材をみつけましょう。

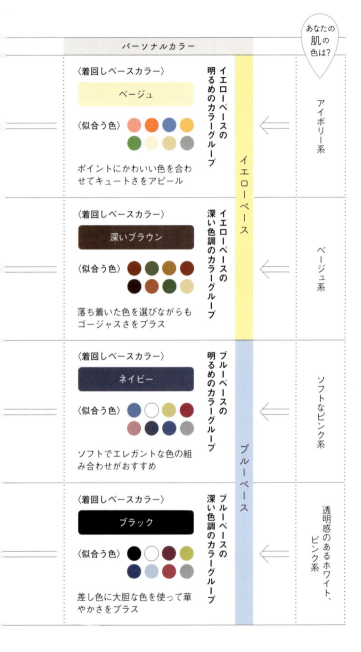

あなたの肌の色は?		パーソナルカラー		
アイボリー系	イエローベース	イエローベースの明るめのカラーグループ	〈着回しベースカラー〉ベージュ	〈似合う色〉 ポイントにかわいい色を合わせてキュートさをアピール
ベージュ系	イエローベース	イエローベースの深い色調のカラーグループ	〈着回しベースカラー〉深いブラウン	〈似合う色〉 落ち着いた色を選びながらもゴージャスさをプラス
ソフトなピンク系	ブルーベース	ブルーベースの明るめのカラーグループ	〈着回しベースカラー〉ネイビー	〈似合う色〉 ソフトでエレガントな色の組み合わせがおすすめ
透明感のあるホワイト、ピンク系	ブルーベース	ブルーベースの深い色調のカラーグループ	〈着回しベースカラー〉ブラック	〈似合う色〉 差し色に大胆な色を使って華やかさをプラス

	パーソナルイメージ	あなたの魅力を引き立てるアイテム				
		人物像	髪の色	素材	柄	ストッキングのカラー
春	ソフトでチャーミングな女性	よく気がつく、思いやりのある人。チャーミングで、いつまでも若々しい印象の人。	プラチナゴールド キャメルブラウン	レース、オーガンジー、シルク、ジョーゼット、ジャージ、柔らかい素材	花柄、小花柄、ギンガムチェック、小さな水玉柄	アイボリー、ウォームベージュ、ブラウン、グレー
秋	シックでナチュラルな女性	知的で、落ち着きのある人。ナチュラル、前向き、ロマンチスト、懐が深く、リーダーシップがある人。	プラチナゴールド コーヒーブラウン	コットン、ギャバ、コーデュロイ、スエード、ウール、綾織りの素材	ペイズリー、タータンチェック、トラディショナルな柄	ベージュ、シナモン、ブラウン
夏	クールでエレガントな女性	奉仕の精神にあふれ、誠実な人。世話好き、優柔不断だけど芯は優しい人。目元は爽やか。	プラチナシルバー ダークブラウン	シルク、ジャージ、クレープ、ニット、カシミア、ウール	花柄、水玉柄、細めのストライプ、ボーダー、印象派の水彩画のような柄	ローズベージュ、ライトグレー、ネイビー
冬	シャープでモダンな女性	インパクトのある大人の女性。明るく、サービス精神も旺盛、さっぱりしていて楽天家。	プラチナシルバー ブラック	レザー、ウール、サテン、ツイード、ギャバ、ラメ、華やかな素材	水玉柄、チェック、幾何学柄、アニマル柄、太いストライプ	グレーベージュ、ネイビー、ブラック、柄ストッキング

24 体型をカバーする素材について知っておく

20代、30代の若い女性にとって、服選びの大きなポイントは、デザイン、次に色ではないでしょうか。無邪気にファッションを楽しめる世代なら、それでいいのです。

でも、年齢を重ねた大人の女性にとって、デザインは服を選ぶ際の最重要ポイントではありません。私たちが第一に考えなくてはいけないのは、「自分の体型を美しく見せる」こと。次に「着心地を含め、快適に装う」こと。

そのために重要な「ファッションの要」は、素材です。おしゃれを上達させるための近道は、「自分を輝かせてくれる素材を知ること」と言えるでしょう。

基本的には、ふわっとしたやわらかな素材よりも、ハリのある素材がおすすめです。理由は、ハリのある素材のほうが体型をカバーしてくれるから。

私自身も年齢を重ねて、以前よりも一層素材に気を遣い、体のラインが出ない素材を選ぶようになりました。コットンシャツはもちろん、コートやジャケットも、体のラインが響かない、ハリのある素材を選んでいます。

そしてもうひとつ、「自分の体型を美しく見せる素材」を知るために、ざっくりとした目安を覚えておくことも、服選びのヒントになるかもしれません。

女性の体型をおおまかに、「骨格がしっかりしていて、身体に厚みのある人」と、「華奢で身体の厚みがない人」に分けて考えてみましょう。

「骨格がしっかりしていて、身体に厚みのある人」は、凹凸の少ない素材、例えば薄手のコットンやシルク、ハイゲージのニット、レザー等のハリのある素材が、体型をすっきり美しく見せてくれます。

一方で「華奢で身体の厚みがない人」ならば、素材感のあるツイードやレース、ローゲージニット、モヘアやデニムが、体型を女らしく華やかに見せてくれます。

私自身の体験で言えば、40代まで愛用していたツイードのジャケットが50代を迎えた頃から、「何かしっくりこない。すっきりと着こなせない」と思うようになりました。後になってわかったのですが、どちらかと言えば、「骨格がしっかりしていて、身体に厚みのある人」タイプに入る私にとって、実はツイードは体型を美しく見せてくれる素材ではなかったのです。

そこで考えたのは、「大好きだけど、体型的に似合うとは言えない素材は、ボトムスで着る」という方法です。今では、大好きなツイード素材はスカートで楽しみ、トップスに自分に似合うコットン素材をコーディネートすることで、すっきり着こなせるようになりました。

87ページの写真でいえば、コットンのジャケットにTシャツ、スカートという素材同士を合わせた右のコーディネートは、私に似合う素材を使ったスタイルです。一方で、素材の美しさが気に入って購入した、左の黒のベルベットのノースリーブワンピースは、本来、私には似合わない素材ですが、スタイリングを工夫して着用しています（詳細は１１８ページ参照）。

服を選ぶ際には、真っ先に目を引く「デザイン」で選んでしまいがちですが、大人のファッションは、「デザインはベーシック」が基本。可愛らしいフリルや凝ったデザインに惹かれる気持ちもわかりますが、これからはもう少し、「素材」に着目してみてはいかがでしょう。佇まいに、洗練という魅力が加わるはずです。

大人の女性を美しく見せるのはハリのある素材。
やわらかな素材はコーディネートでカバーする

体のラインが響く素材、デザインはコーディネートでカバーする

ベルベット素材のミニのノースリーブワンピースは七分袖のボレロカーディガンで二の腕を隠し、チュニック風に。ゆったりしたガウチョパンツを合わせて、エレガントな大人コーディネートを楽しんでいます。

体型をカバーしてくれる素材なら安心しておしゃれを楽しめる

ハリ感のあるジャケットは、大人の女性にとって、体形をカバーするための最強アイテム。体のラインが響かず、すっきり着こなせます。直線的なシルエットのスカートを合わせて、より洗練された印象に。

25 トップスに定番のアイテムを持つ

公私ともに、私はかなりの「メモ魔」です。例えばスーパーにお買い物に行くとき、購入リストをメモしてお出かけになる方は多いと思います。これは自分にとって必要な物を明確にして「買い忘れ」を防ぐと同時に、「余分な物は買わない」ための知恵ですね。

おしゃれに関しても同じです。「このアイテムは褒められた」「これは着こなせなかった」等々、冷蔵庫の中身を把握するように、ノートに記録していくのです。こうすることで、自分にとってなくてはならない「定番アイテム」や「足りないアイテム」が見えてきます。

若い頃から、さまざまなトレンドや色、アイテムを着こなしてきましたが、クローゼットの核となっているのは、やはりベーシックな定番アイテムです。

ここ数年の夏の定番アイテムは、「ユニクロ」の白シャツ。朝洗って、出かける午後には着ていける、そんなカジュアル感が心地よいのです。しかも白シャツはきちんと感が演出できるし、暑い日も印象爽やか。特に昨年は何枚も買って、毎日のように着ていました。

ボトムだけを着替えて変化をつけるコーディネートを、毎日考えることが面白くて仕方なかったのです。おかげで私なりの「白シャツコーディネート」のメモは、すべてのシーンをカバーするアイディアの宝庫になっています。

白シャツ同様、スウェットアイテムも大好きです。古いアルバムにも繰り返し登場する、私にとってのいわば「青春アイテム」。「20代はこういう着方をしてたんだ」「あ、この着方なら、今着てもかわいい」と、まるで自分の履歴書を語ってくれるような存在です。

ですからここ数年、ロゴ入りトレーナーに再び注目が集まっているのは、私にとって嬉しいトレンド。ハイブランドも毎シーズン発表しています。数十年前はタイトスカートにコインローファーでトラッドに着こなしたものですが、今は「甘辛ミックス」でフレアスカートとの組み合わせが、旬な気分です。

実は私にとって、「何でも似合うのね」と言われるのは、褒め言葉ではありません。裏を返せば、「特に何も似合わない人」という意味が含まれているような気がするからです。「何でも似合う」、ではなく、「私は白シャツなら似合います」と、自分自身を象徴するような〝定番スタイル〟を持てたなら。私はそういう人こそ「おしゃれだな」と、感じるのです。

毎シーズンチェックする
ユニクロの白シャツは着こなし自由自在

ファストファッションのブランドで「定番」と呼ばれるアイテムは、素材も仕立ても吟味され、コストパフォーマンスが高い。カメリアのコサージュでお出かけスタイルに。白の清涼感を際立たせるネイビーとの組み合わせ。

ロゴ入りトレーナーも
黒を選べば、大人かわいく着こなせます

ロゴを品よくデザインに取り入れたアイテムが人気の「MSGM」のトレーナー。ガーリーなフレアスカートとの組み合わせは、旬な着こなし。足元には赤を効かせて。パールのネックレスで顔まわりを明るく仕上げてください。

26 自分の「アイコン」となるアイテムを見つける

「アイコン」とは、あなた自身を象徴するようなアイテムのこと。そして実は「アイコン」アイテムこそが、あなたを一番魅力的に見せてくれるものなのです。

「そんなことを言われても、判断の仕方がわからない」とおっしゃるのであれば、古いアルバムにそのヒントが見つかるはずです。

子供の頃から現在に至るまで、繰り返し身につけている色・柄が見つかりませんか? 年齢を重ねても〝手放さなかった〟色、柄が見つかったら、それがあなたの「アイコン」なのです。

繰り返し着ていたということは、そのアイテムを身につけることで、多分、あなた自身がハッピーになれて、しかも褒められることも多かったから。

おしゃれのヒントは「温故知新」。ご自身の過去を紐解くことで、新しい発見があるかもしれません。

私の場合、「これが私のアイコン」と自覚しているアイテムは、紺ブレ、白シャツ、トレンチコート等々、いくつもありますが、特に思い入れが深いのは、ストライプ柄とアニマルプリントです。

今回、撮影のために改めてクローゼットを見直しましたが、本当に驚くほどたくさんの、しかも似たようなものを購入していました。自分なりのこだわりが強いものほど、微妙な違い、変化を見過ごせず、時代時代でついつい買ってしまったのでしょう。ショッピングの「クセ」と言えるかもしれません。

とはいえ、好きなものだけに後悔はなく、「このシーンではこのストライプ」「このシーンなら、このアニマルプリントが映える!」と、かなりマニアックに使い分けています。周囲から見たら同じように見えるものへのこだわりが、実は〝私らしさ〟をかたちづくっているのかもしれませんね。そして「このストライプ、梅原さんらしい!」と言われることは、私にとって間違いなく、褒め言葉です。

着ることで気持ちが上がり、自信を持ってふるまえる「アイコン」アイテムは、「いざ!」というシーンで、必ずあなたを助けてくれるはずです。

色合わせしやすい多色ストライプは
太めの幅で印象にメリハリ

ボーダーと並ぶくらい、クローゼットにたくさんあるストライプは、個性的な色目を選択。合わせるボトムは「ストライプの中の暗い色を拾わない」のが、梅原流。常に変化球を楽しんでいます。

かなり個性的なヒョウ柄も
ボウタイブラウスで品よくエレガントに

シルバーのヒョウ柄がインパクト充分なブルゾンはマイケル・コース。アヒル柄のブラウスで遊び心たっぷりのコーディネート。小物は黒で抑えると、上品にまとまります。

27

その日の装いのテーマを決める

外出前、皆さんはどうやってその日のコーディネートを決めていますか？

私自身は「今日はどんな自分でありたい？」というとても直感的な〝気分〟、そして、その日に会う相手の方との服装のバランスを考えて、装いのテーマを決めています。つまり、「ＴＰＯ」（タイム、パーソン、プレイス、オケージョン）が大切なのです。

例えば、「優しい、女性らしいイメージ」あるいは「マニッシュなスタイル」とか、相手の好みをスタイルの中に一点投入しています。テーマが決まると、手に取る色やプリントは、自然と決まってきます。以下は私のプリントに対するイメージなのですが……。

・小花……楚々として優しいイメージ
・アニマル……自分の思いをはっきり、行動的に伝えたいとき
・水玉……気持ちがウキウキとして、何となく変化を求めたいとき
・大きな花柄……大胆な気持ちになって、自分をアピールしたいとき

・ストライプ、ボーダー……意志の強さを感じさせたいとき
・チェック……カジュアル感、躍動感を感じさせたいとき

こんな風に、プリントが人に与えるイメージは、それを身につけている人自身の印象を決めてしまう効果もあるようです。

例えば、大切なプレゼンテーションを控えた日に、チェックや小花柄の服を選ぶ人はいませんよね。ビジネスにふさわしいのは、やはり強さを感じさせるストライプです。

反対に、優しさを感じさせたいときには小花柄。カジュアルスタイルの軽やかさを強調したければ、チェックやボーダー。フォーマル感のあるプリントの代表格は水玉（ドット）ですね。ただし、こちらは小さな水玉の場合。水玉やストライプなど、プリントはどれも柄が大きくなればなるほどカジュアル感が増すので、注意が必要です。

プリントの使い方として、気持ちが沈んで前向きになれないときなど、あえて大胆な花柄を身につけて自分を鼓舞してみる、といった活用法もあります。日常、「気持ちのスイッチ」を切り替えたいとき、覚えておくと便利です。

28 気に入ったコーディネートは記録しておく

先日、いつものメンバーとの会食で「今日はすごくおしゃれをしているね」と言われ、びっくりしました。シンプルなネイビーのワンピースに、メリハリのあるちょっと個性的なサマーニットのカーディガンの組み合わせで、自分にとっては〝決めスタイル〟というつもりではなかったのです。でも、他人から見るとおしゃれに見える、よほど目立つ着こなしだったのでしょう。考えてみると、いつもの装いとは少し違うセンスのコーディネートでしたので、新鮮に映ったのだと思います。新たな発見として、私の〝勝負コーデ〟の記録に入りました。

こんな風に仕事やお友達とのランチ、観劇などで、周囲から褒められたりコメントをいただいたりしたコーディネートは、必ず全身を写真に撮っておくのです。スナップがベストですが、帰宅してからハンガーにかけた写真でも構いません。シーズンを通して撮った写真を並べてみれば……「赤を着ると褒められる」あるいは「白シャツが評判いいみたい……」等々、ご自身に「似合う服」を、具体的に把握することが可能です。

反対に、自分では「似合う」と思っていた服に、周囲からは何の反応もないといったこともあるでしょう。そうした服は、実は「無難すぎて印象に残らない」服なのかもしれません。「好き」と「似合う」は違います。その差も、写真であれば納得しやすいのではないでしょうか。シーズンの終わりに「お気に入りのベストコーディネート」を記録しておけば、翌年「何を着たらいいの……?」と迷うことがありません。とりあえず、去年のコーディネートを見直して、「今年らしくアレンジ」することを考えればいいのです。

この方法なら、毎年確実におしゃれがアップデートできるはず。何より、「似合うコーディネート」が視覚的に把握できるおかげで、「自分らしいスタイル」を、より具体的に把握できるようになります。そして次のお買い物では、この基本をベースに、できるだけ「コーディネートして買う」ことを習慣にしましょう。

極端な話ですが、毎日、違う人に会うならば、「昨日と違うコーディネートで」とがんばるよりも、「ベストな着こなし」である同じ服で出かけたほうが、簡単に「素敵な私」を印象づけることができるのです。気楽に賢く、おしゃれを楽しみましょう。

29 実はスタイルよく見える！「ワンサイズ上」の服

「太って見える」ことの一番の理由は、何だと思いますか？

それは「服がキツそうに見えること」。たとえ標準体型より痩せていても、ぴちぴちの服を着ていては、太って見えるものなのです。ですから私は常に「ワンサイズ上」を意識して選んでいます。

袖丈は長め、身頃もたっぷりの服を、あえて「お直しナシ」で着こなすのが梅原流。長い袖はボタンの位置さえ手首に合わせて直しておけばきれいに着られますし、ウエストにゆるみのあるスカートなら、ブラウスをインしても窮屈になりません。ゆったりと服を着ることで華奢に見えるうえに、着こなしにアレンジを加えやすいのもメリットのひとつ。

我慢してぴったりサイズを着るよりも、今のあなたの体型を美しく見せる服を選ぶほうが、合理的だしラクチンです。とはいえ、「ワンサイズ上だった服がぴったり」にならないよう、「体型維持」は心掛けてくださいね。

着こなし「創意工夫」

きちんと感を出したいなら、ボタンを留めて。

第2ボタンまで開けて、抜け感を演出。

襟を抜いた感じで着れば、トレンド感が。

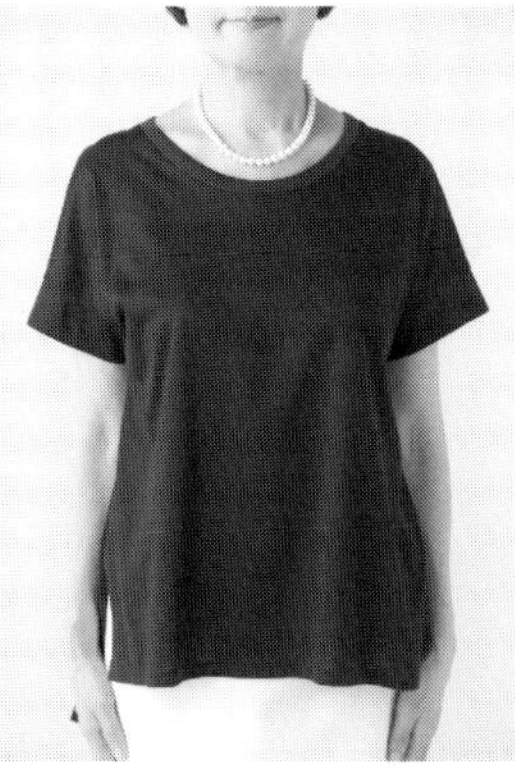

大きめカットソー。普通に着るとこんな感じ。

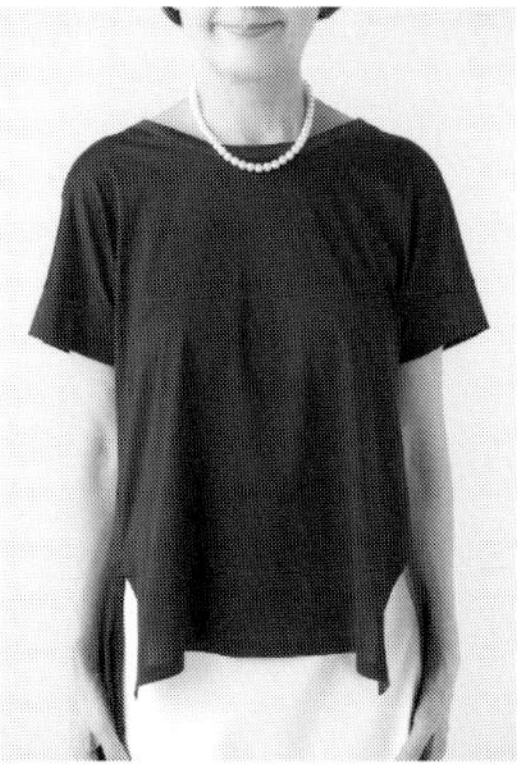

胸開きを左右に広げてボートネック風に。

少し前に引っ張って、Vネック風に

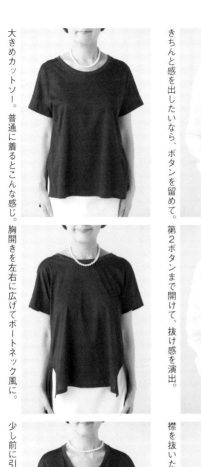

30 クローゼットを整える

季節の変わり目、シーズンのはじめには、クローゼットの総点検をすることが習慣になっています。手持ちの服をすべて把握し、仕事、友人との食事、パーティなどのシーン別に、複数のコーディネートを決めて、ラックにかけておくのです。

クローゼットの構成を具体的に説明しますと……まずはワンラック分の、デイリーユースのコーナー。シーンとしては打ち合わせ等の仕事服、軽めの食事会、ジムに出かけたり、映画に行ったり……さまざまな状況を想定した、「通常の外出着」です。ひとつのトップスに対して、複数のボトムスを想定しておくことも多いですね。ニットなど、伸びたり型崩れが気になるアイテム以外はほぼすべて、ハンガー収納していることもポイントです。

そして、その隣には、「主役級のアイテム」を中心とした、スペシャルコーナー。初めての人にお目にかかるとき、あるいはパーティなど、自分自身の印象を相手に残しておきたい日に、身につけるコーディネートたちです。「勝負服」と言っていいかもしれません。

さらに別コーナーとして、撮影など動くことが多い日に着る「作業服」、冠婚葬祭などの「フォーマル服」、着るタイミングを待っている「熟成服」、そしてほとんど袖を通す機会はないけれど、大切に保管しておきたい「ヴィンテージ服」のコーナーと続きます。

私は職業柄、かなり多くの洋服を扱い、自分でもたくさん持っていますが、こうしてクローゼットを常に整理しているおかげで、毎日の装いを決めるのに、あまり時間はかかりません。出かける前に、その日の予定に合ったコーディネートを1セット取り出して、バッグなどの小物やアクセサリーをプラスするだけ。とても簡単です。

周囲にリサーチすると、ほとんどの方が「クローゼットにはアイテム別に洋服を分けて収納している」ようですが、この方法だと、どこに何をしまったか忘れがちなうえに、コーディネートを決めるのに時間がかかりませんか?

私自身、元々整理整頓が苦手だったのですが、お気に入りのコーディネートをセットで別ラックに分けておくようになってから、自分にとって必要なもの、不必要なものを把握できるようになりました。その結果、無駄な買い物も減ったような気がします。

お気に入りのアイテムでコーディネートした「セット収納」、おすすめです。

第3章

「おしゃれ更新」のために私がしていること

31 健やかに暮らすために。「自分チェック」を怠らない

実は50代くらいまでは仕事が忙しいのを言い訳に、ほとんど体のケアをしていませんでした。その結果、外反母趾予備軍、腰痛、姿勢の歪み、足のむくみ、骨折等々、更年期前後はありとあらゆる体の変調に苦しみました。それでも何とか自分を保ち、仕事を続けてこられたのは、「服の力」を借りつつ、自分自身を奮い立たせてきたからだと思っています。とはいえ、日々、こまめに心身のメンテナンスを行うことは、とても大切。以下、私が心掛けている習慣をご紹介します。

まずは何と言っても、早寝・早起き。5時半には起床し、7時までに朝食を済ませ、12時昼食。19時までに夕食を終わらせて11時には休むのが、基本のタイムスケジュールです。朝は紅茶に必ずハウス食品の乳酸菌パウダーを入れていただきます。そして、ひきわり納豆に旬の野菜を少々、ネギやオクラ、青のりなどをトッピングして朝晩いただきます。

水中ウォーキングは、12年程前にプロの指導を受け、今では月に2～3回セルフトレー

ニングで水中ウォーキング＆ストレッチを30分程行っています。これは体のコリをほぐし、筋力を維持する他に、精神的なストレスをリセットする効果も得られるようです。ポイントは、最初の段階で必ずプロの指導を受けること。自己流の運動は危険です。

残念なことに、これだけ体に気を遣っていても、3年程前からは夏になるたびにぎっくり腰に悩まされるようになりました。そこで、ドクターにすすめていただいた「骨格調整」を生活に取り入れています。「骨格調整」は、シンプルに「正しく歩く」こと、「寝ているときの姿勢を整える」ことで、体の歪みをとっていく、というものです。

月に1度のメンテナンスでは、骨格を整えていただくことで内臓も正しい位置に収まり、おかげで代謝が上がったせいか、太りにくい体質になったような気がします。

そして月に1度は口腔ケアを。これらの食習慣、運動習慣の成果か、今年のフィジカルチェックでは数値が改善されました。電車ではできるだけ座らない、つり革にはつかまらないといった、〝小さなマイルール〟も日々実行しています。習慣になると、かえって立っているほうがラクなんです。

「生涯、おしゃれ現役」でいるために、健やかな体づくりを目指しましょう。

32 新鮮さを保つためにシルエットと素材に敏感でいる

「自分に似合う服」を考える際に重要なのは、「素材」と「シルエット」です。84ページで「体型をカバーする素材」をご紹介しましたが、こちらでは似合う「素材・シルエット」についても説明しています。

服の「着やせ」効果については、さまざまな特集が雑誌などでも組まれていますが、素材についてはあまり深い説明を読んだことがありません。でも実は素材の使い方次第で「マイナス3kg効果」を得ることができるのです。

私に関して言えば、元々ツイード素材がとても好きだったのですが、何となく「うまく着られない。太って見える」と感じていて、長年、試行錯誤を繰り返していました。

ところが、体型を客観的に考慮しながら服を選んでみたところ、ツイードのように厚く凹凸のある素材より、シルク、コットンなどの適度なハリのある素材のほうがすっきり見えて似合うことがわかりました。

このときばかりは「もっと早く知りたかった！」と心から思いました。生来の体型に合う素材を知ることで、服選びがどれほど簡単になることか！

例えば、同じ〝赤〟でも、ニットの赤は似合わなくてもシルクならOKなど、苦手克服のヒントにもなります。

シルエットに関しても同様で、上半身はタイトなシルエットが似合う人、反対に下半身をタイトにしたほうがスタイルよく見える人など、タイプによって違いがあるのです。「これは似合わないから着られない」と、決めつけるものではありませんが、店頭で二者択一に迷ったときの、判断材料にはなると思います。

そして最後にもうひとつ。ご自分のシルエット、つまり体型の変化についても、できるだけきちんと把握するよう心掛けましょう。覚えておいていただきたいのは、年齢を重ねると基礎代謝が落ちるため、「同じ生活を続けていると太る」という事実です。体重だけでなく、筋肉量や体脂肪率が測定できるヘルスメーターを買うのもひとつの方法。印象の変化について、家族に正直な感想を聞くのも有効です。

日々、変化する自分を客観的に捉え、鮮度を失わないおしゃれを楽しんでくださいね。

33 ハイブランドとプチプラブランドを、上手に使いこなして

私にとってのパートナーブランドは、「ジル・サンダー」「エトロ」「フェンディ」靴なら「フェラガモ」……。仕事柄、ハイブランドに触れる機会を多くいただき、実際に着てみて、歳を重ねるごとにその魅力を痛感しています。素晴らしいのは、やはり何と言っても、その素材と仕立てです。

若い女性をターゲットにしたブランドが得意なのは、ボディの美しさを強調しつつ、トレンドをシャープに表現すること。体型カバーなど、配慮してくれません。

一見、同じようにも見えるタンクドレスなど、シンプルなアイテム程、その違いが如実に現れます。微妙な胸開き、脇の開き具合、ウエストの位置等々、大人の女性の体を知るハイブランドのシルエットは、私たちを確実に、スタイルよく見せてくれます。

ですから、ハイブランドから得られる恩恵は、年齢を重ねるごとに大きくなっていきま

す。実際、アイテムによっては10年以上着られるものも少なくないので、ある意味、「先行投資」と言えるものかもしれません。

一方で、私は「ユニクロ」や「プチバトー」など、手頃なブランドも大いに活用しています。88ページでは「夏の定番アイテム」として「ユニクロ」の白シャツをご紹介しましたが、毎年、同じアイテムを買い続けていると、トレンドの変化がわかって面白いものです。

レギュラーカラーであっても、微妙な襟の形や大きさ、素材、白の色出しの変化など、少しずつ変わっていますから、じっくり商品と向き合うと、「あ、私には今年の襟より、去年の襟のほうが似合ったみたい」「パリッとした厚手の生地のほうが好きだったな」等々、〝自分だけのおしゃれデータ〟が、蓄積されていきます。

こうした小さな変化を見逃さないこと、それをメモして忘れないことが「経験」となり、あなたのおしゃれをスキルアップさせていくのです。90ページのコーディネートは、「ユニクロ」のシャツに「ジル・サンダー・ネイビー」のスカートという組み合わせ。何の違和感もありませんよね。ハイブランドもファストファッションも、それぞれのよさがあるものです。自分らしさのこだわりで、おしゃれを楽しんでくださいませ。

34 自分にとって心地よい着方を覚えておく

服を着たとき、どんな感覚を「心地よい」と感じるかは人それぞれ違うものですが、私の場合は、「服の中で体が自由に動く感覚」。これが「心地よさの基準」です。

100ページでもお話ししましたが、私の服は常に「ワンサイズ上」。サイズに適度な遊びがあり、締め付け感がなく、しかもリラックスできるラインの服が心地よいのです。

女性の体は年齢とともにシルエットが丸みを帯びて、メリハリを失っていくものです。体のラインを際立たせるぴったりとした服は、こうした体型をカバーしてくれません。

例えば、「Aラインのトップスには、スリムなボトムを合わせる」ことが着こなしの定番のように言われていますが、「私はAラインのトップスにもAライン」を合わせます。このほうが大人の体型の弱点を隠してくれるから。ただし、割合が「1：1」になってしまうとバランスが悪いので、ボトムスは少し長めのガウチョパンツを選択して。下半身が重たく見えないよう、ストールなどで上半身に視線を集めるのもポイントです。

毎シーズン購入するプチバトーのバスクシャツ（ボーダー柄の地厚カットソー）。若い世代はスリムなボトムを合わせますが、私はあえてガウチョパンツを。足元はヒールでエレガントに。マルチカラーのストールが全体の印象を格上げします。

35 〝初めて〟のアイテム、かわいい色に挑戦する

スタイリストになって数十年が経ちますが、今でも〝初めて〟のアイテム、〝初めて〟の色に袖を通すときには、心がときめきます。そして、この〝心のときめき〟こそ、ファッションの楽しさであり、女性が何歳になってもフレッシュな印象をキープする秘訣ではないでしょうか。

117ページのグリーンのコートは、私にとってまさに「運命の1着」。2015年に89歳で亡くなった最愛の母が最後にプレゼントしてくれた「ジル・サンダー」のチェスターコートです。実はそれまで私のワードローブに、グリーンという色は、ほぼ存在していませんでした。しかもフルレングスのコートはハードル高めです。でも、初めてこのコートを見たとき、おしゃれな母はこう言ったのです。

「スタイリストという職業で、他の人と同じような服を着ていたらつまらない。こんな素敵なコート、あなた以外に着る人はいないわ！」

こうして母のアドバイスもあり、私のクローゼットにグリーンのコートが加わりました。するとどうでしょう！　毎日のスタイルが一気に活性化したのです。

まずは、充分すぎる存在感を持ったコートを〝私らしく着こなす〟ために、クローゼットを見直しました。活躍の場を失っていたアイテムが再び日の目を見、私自身も鏡の中に、今までとは違う自分を発見して、気持ちが高揚したのをはっきりと覚えています。

さらに、このコートを着てお出かけすると、思いがけない効果が！　「とても似合う」と褒めていただくことでコーディネートに自信が持てますし、打ち合わせや改まった席でも、このコートひとつで「ドレスアップした印象」を周囲に与えられるのです。

それまでも、「ファッションの食わず嫌い」はできるだけ少なくするよう心掛けてはいましたが、〝初めての色〟がこれほど自分の装いに新鮮な風を送ってくれることを実感したのは、このコートが初めてです。

以来、私の中では「え〜、こんな服、着たことないからトライしちゃおう！」が、ショッピングの際のひとつの〝決め手〟となっています。

こんな「おしゃれのときめき」を教えてくれた亡き母に今は感謝の気持ちです。

ポジティブな気分になれる「赤」は「白」を差し色に使って大胆に

独特のハリ感があるボンディング素材のフードジャケット。紫のフレアスカートと白の差し色でアクティブに。スリッポンと30デニールタイツ（64ページで紹介）の組み合わせにもご注目を。

〝初めて〟にも臆せず挑戦。
新しい〝あなたらしさ〟を発見するチャンスです

フルレングスのコートはバランスが難しそうに見えますが、実は中途半端な丈より着こなしが簡単。鮮やかなグリーンも、インナーをあまり選びません。このコートも、「あえてワンサイズ上」をお直しナシで着ています。

36 過去シーズンのアイテムを熟成させる

「断捨離」という言葉が定着し、不要になった服は処分するのが当然といった風潮になりつつあります。でも、私自身は基本的に服を処分することはありません。着る機会が少なくなった服も、クローゼットの「熟成コーナー」に保管しています。

例えば、120ページでご紹介している黒のチュニックは、元々はノースリーブのブラックドレス。15年程前はミニのワンピースとして着用していました。

短かすぎる丈がネックとなり、しばらく着ていなかったのですが、ベルベット素材とハイネックのデザインが気に入っていたため、「なんとか復活できないものか」と考えた結果、チュニックとして活用することに。ノースリーブでは腕が気になるので、七分袖のボレロカーディガンを重ねています。

121ページで肩にかけているカーディガンは、サイズが小さくなってしまった「ジョン スメドレー」。どれだけよい素材でも、むしろカシミアなどの高級素材であるほど、ニットは縮みや毛玉など、劣化が目立つアイテムです。

私のクローゼットには、そんな「着用には少々難あり」なニットが、「羽織り用」として保管されています。大胆なプリント柄などで、少し派手になってしまったニットも同様。スカーフ代わりに使うにはまったく問題ないどころか、「探そうと思っても見つからない」素敵なアクセントになってくれています。

他には、着なくなってしまったロングワンピースの裾をカットして、ボウタイに作りかえてシンプルな襟元を華やかに演出できました。装いの知恵ですね。

不要なものを処分するのは簡単なことですが、かつては「すごく好き」なものだったはず。今後、同じようなものに出会えるとは限りません。

ジャケットに関しては、10年前とは肩のラインが著しく変わってしまったので、復活させるのは難しいと思いますが、ニットやブラウス、スカートなら、敗者復活の可能性は大。

とはいえ、しまいっぱなしではスペースの無駄をつくるだけ。過去のお気に入りを上手に活用するためにも、クローゼットの中身は常に把握していることが大切なのです。

着丈がネックだったブラックドレスをチュニックとして利用

ワンピースに七分袖のボレロカーディガンを重ねて、高めの位置にウエストをマーク。スリムパンツではなく、あえてのガウチョパンツで、エレガントな着こなしに。下半身が重たく見えないよう足元にはヒールを合わせます。

キツくなってしまった
カーディガンは
「肩掛け用」と
わりきって活用します

「ジョン　スメドレー」はしなやかな肌触りと発色のよさが魅力。サイズがぴちぴちになってしまったので、プロデューサー巻き専用の「差し色小物」として活用しています。「ユニクロ」の定番コートが、一気に華やかに見えませんか？

37 お気に入りの服はリサイズして着る

前述した通り、私は着なくなった服を処分することはほとんどありません。たとえわずかな期間であっても、自分の人生、喜怒哀楽を共にしてくれた大切なパートナーを、簡単に処分する気持ちにはなれないからです。

確かに、トレンドが変われば、服のシルエットやデザインも変わり、着られなくなる服は増えていきます。肩パッドの入ったジャケットなどは、そのわかりやすい例ですね。

でも、「5年着なかったから」「サイズがキツくなったから」と処分を決める前に、「リサイズ」「リメイク」できる可能性はないのか、少しだけ考えていただけたらと思います。

私が特に「もったいない」と思うのは、スカートです。もちろんスカートにもトレンドはありますが、デザインとしてはタイトスカートもフレアスカートも、丈に関してもミニからロングまで、実に多種多様なスカートが店頭に並んでいます。

「派手になってしまったから」と思われるかもしれませんが、ボトムスであれば、鮮やかなカラーや柄物であっても、堂々とお召しになればいいのに、と思います。私はつい先日、真っ赤なスカートをリサイズして復活させました。ウエストのベルトを取って布端をえんじ色のバイヤステープで巻いています。

当然ですが、一着購入するより、お直し代のほうが、ずっとお手頃。創意工夫をして、「これからもよろしくね」という気持ちで大切に着続けます。

［私のおすすめリフォーム店］

■アルターイン青山店

ハイブランドの洋服もお任せして安心。ハンドメイドのリメイクサロン。

●東京都港区北青山3-5-2 第2青朋ビル1F ●TEL 03-5786-7626

●営業時間 11時〜20時 ●定休日 年中無休（詳細は要問い合わせ）

https://www.alterinn.jp

キツくなってしまったスカートも
アイデア次第で復活します

お気に入りだったプラダ（左）とジル・サンダー（右）。プラダはウエストのベルト部分を外し、ダーツを開いてリサイズ。キツくてファスナーが上がりきらないジル・サンダーは、自分でリボンを縫い付けました。必ず長めのトップスを着るようにすれば、日常の着用にはこれで充分。

赤いスカートが派手？
思い込みは捨てましょう（笑）

大人世代は「服から元気をもらう」ことも大切。右ページの リサイズした赤いスカートを身につけた日は、気分も前向きに。ベージュに合わせ、赤を全身の数カ所に分散させるのがポイントです。

38 足や腰に負担をかけないおしゃれ靴

基本的に健康だった私が、ひどい腰痛に悩まされるようになったのは、13年前のこと。最初は撮影等、仕事が立て込んだことによる「疲れ」が原因と思い、体を「休める」よう気遣っていたのですが、実は「筋肉の衰え」が腰痛を引き起こしていたことがわかって、生活をがらりと変えました。

残念なことに、年齢とともに筋肉は自然と衰えていきます。特に腹筋と背筋が弱まった状態に運動不足が加わると、体は脊柱を支えられなくなってしまうそうです。自然と姿勢が悪くなり、筋肉は緊張して、コリや痛みが現れます。「痛み」があると運動量が減って、筋肉はさらに衰える、という悪循環に。

私が腰の痛みの改善や予防のためにはじめたのが、ウォーキングです。「とにかく歩こう」と思い立ち、相談に伺ったのが、「赤い靴」でした。インソールをオーダーして、自分にぴったりと合うスニーカーを購入。正しい歩き方を身につけるため、ウォーキング教室にも通いました。

そのときオーダーしたインソールは、10年以上経った今も活躍中です。当時、インソールとスニーカー両方で5万円弱くらいだったと記憶していますが、修理もしていただけます。快適に歩けて、しかも腰痛予防になるのですから、コストパフォーマンスはかなり高いのではないでしょうか。

スニーカーは最初は少し「重いかな？」と思ったのですが、ある程度の重みがあったほうが、足腰が弱りつつある世代には、履きやすいようです。

最近では既製品のインソールも売られているので、日常おしゃれに履くスニーカーにもセットして、日々愛用しています。

とはいえ、スニーカーやウォーキングシューズ以外の、パンプスのおしゃれも諦めたくはないですよね。2cmでも3cmでもいいので、足元にちょっとヒールがあるだけで、女性の装いはぐっと女らしくなるものです。

「銀座ワシントン」の『Foot Happy』は、「歩きやすさ」にとことんこだわった、おしゃれなパンプスが揃っています。靴の中で足が滑りにくいインソールや、吸汗・速乾機能、耐久性など、実用性は抜群。

何にでも合わせやすく冠婚葬祭にも使えるシンプルなパンプスはもちろんですが、コーディネートをピリッと引き締める、ビビッドなカラーも見つかります。

「パンプスはもう無理」と諦めていた方にこそ、お試しいただきたいものです。

■ドイツ足の健康館 赤い靴 横浜元町本店

足と靴の専門知識を活かした、靴のコンサルティング販売を行う「赤い靴」。足の計測を行い、ぴったりと合ったコンフォートシューズを見つけてくれます。また、足の悩みに応じて関節機能のチェックも行い、疲れや痛みがある人はその原因も分析。「正しい歩き方」のアドバイスも受けられます。

●神奈川県横浜市中区元町3-132 H'sビル1F ●TEL 045-664-2113 ●営業時間 10時～19時 ●定休日 毎週月曜日(但し月曜祭日の場合は営業、翌日休み) https://akaikutsu-shoes.jp

■銀座ワシントン

銀座ワシントン〝Foot Happy〟は、「長く歩いても疲れない、歩くことが楽しくなる」がコンセプト。足ズレを防ぐノンスリップ素材の中敷き、高反発クッション採用等、工夫がされている。

●銀座ワシントンホームページ

https://www.washington-shoe.co.jp/foothappy/

梅原さんが愛用するのは、フランスのウォーキングシューズメーカー「メフィスト」のスニーカー。エナメルのベルクロがおしゃれ。大人のスニーカーには光沢感が必要です。

「足にやさしい靴」でパンプスのおしゃれを諦めないで

（上）パープルはモノトーンのコーデに合わせて。（中）地味になりがちな黒こそ、光沢感のあるものを。足もきれいに見えます。（下）ゼブラ柄はシンプルな装いのポイントに。各¥15,800（税別）／銀座ワシントン 銀座本店

39 賢い「クリーニング店の使い方」をご存じですか

多くの方が誤解されていますが、「服をクリーニングに出すことで、服のお手入れが完了する」わけではありません。

むしろ、頻繁なクリーニングは服を傷めます。私を含め、ファッション好きな人の間では、「ジャケットやコートなど、型崩れが気になるものは、滅多にクリーニングに出さない」のが常識。着用頻度の高い男性の通勤用スーツは別として、数回しか着なかったスーツやコートを、シーズン毎にクリーニングに出す必要はないのです。

それよりも大切なのは、日々のお手入れ。1日着用した服はハンガーに掛け、軽くブラッシングしてホコリを払い、すぐにクローゼットにしまわずに風を通します。

色落ちが目立たない色で、天然素材のニットに関しては、化繊が混じっているもの以外、私はドライクリーニングではなく、洗濯機の手洗いモードを使っておしゃれ着用洗剤で洗ってしまいます。このほうがさっぱり仕上がりますし、〝くすみ〟も気になりません。

クリーニングをお願いする際も、シミや汗が気になるものは別として、「シーズンの終わりに、着用した服をまとめて出す」ことはありません。理由のひとつは、「クリーニングしたての、鮮度のいい状態の服を着ていたいから」。ふたつめは、「繁忙期よりも閑散期のほうが、仕上がりがきれいだから」。

私がお願いしているのは、南青山の「45 R ランドリー」ですが、ここのお店の特徴は、衣類へのストレスを抑えるために超軟水を使い、少ない枚数で丁寧に洗ってくれること。「クリーニング店なんてどこも同じ」という思い込みが、あなたの大切な服の寿命を縮めているかもしれません。

少なくとも、ちょっと高価なお気に入りや、シミなどのアクシデントは、信頼できるクリーニング店にお任せすることを、おすすめします。「これはシルクだけど、できれば水洗いしたい」等々、細かなオーダーに応えてくれるお店を探しておくといいですね。

■45 R ランドリー

●東京都港区南青山7-2-1 青康ビル1階 ●TEL 03-3400-2245 ●営業時間 9時~19時（土日祝は11時から）●定休日 水曜日 https://45r.jp

40 ネイルはおしゃれに欠かせない。季節の先取りもネイルから

どれだけスキンケアに時間をかけようと、手の甲は年齢が現れやすいパーツです。若々しさを保つために、「50代以降の女性こそ、ネイルは必要」「なかなかサロンに行けなくて……」とおっしゃる方も多いのですが、実は私自身、ジェルなどを施術していただくことはなく、セルフネイル、つまり自分でマニキュアを塗っています。なぜなら、その日の装いに合わせたカラーを施すことで、おしゃれが楽しめるからです。

オールマイティで活躍するのは、ピンクベージュやグレージュ（グレーとベージュの中間色）カラー。たとえ明日、着る服が決まっていなくても、安心です。

爪の形は、品よくエレガントなラウンドスクエアがおすすめ。真っ直ぐに揃えた爪の角を少し丸く削るだけですから、テクニックも不要です。爪は常に自分の視界に入ってくるパーツ。美しい色に彩られていると、それだけで癒されます。

万能カラーはピンクベージュですが、時にはコーディネートの差し色にビビッドカラーを。季節の色を先取りするのもネイルから。夏はターコイズやホワイトなど、「ちょっと派手」くらいも素敵です。

41 肌を瑞々しく保つためにしていること

スキンケアアイテムは、年齢とともにお肌が求めているものが変わっていきますので、お気に入りを核に、いろいろなものを試すように心掛けています。

幸いにも、仕事柄、新製品の発表会に招待していただく機会が多く、最新情報をキャッチさせていただいています。

でも、実は私が一番こだわっているのは、スキンケアアイテムそのものよりも、「肌に潤いを与える生活習慣」です。

「フェイシャルスチーム」という言葉は皆さんご存じだと思いますが、簡単にご説明すると、「肌に蒸気を当てること」。蒸気を当てると毛穴が広がって、通常の洗顔では落としにくい汚れや老廃物を取り除くことができるのです。

この方法は個人によって「合う」「合わない」がほとんどなく、副作用の心配もないから安心です。

しかも、お風呂にゆっくりと浸かりながら、絞ったタオルを顔に当てるだけで効果が期待できますので、とても経済的。

私はお出かけ前など、あまり時間がないときには、洗面器に熱いお湯を張り、それをのぞき込むようにして蒸気を顔に当てています。このとき、上がってくる蒸気を逃さず、充分顔に当たるようにするため、頭と洗面器をすっぽり包むようにバスタオルをかぶって、肌に水分を補給しています。最後に冷水で肌を引き締めるのを、お忘れなく。

こうすることで、肌がしっとりするだけでなく、鼻や喉まですっきりしますので、気分をリフレッシュさせたいときにも最適です。もしもエッセンシャルオイルがあれば、ほんの1、2滴お湯に加えると、さらに効果的。私自身は、元気を出したいときは柑橘系、花粉症の季節にはミント系など、その日の気分で使い分けています。

パックやマッサージ、エステサロンなど、スキンケアにお金と時間をかけようと思えば、本当にさまざまな選択肢があるものです。時折、サロンで贅沢な時間を持つのも素敵ですが、まずは毎日続けられるちょっとした習慣を持つことが大切なのでは。私はそんな風に考えています。

42 私のヘアスタイル考

ヘアスタイルはその人自身の佇まい、全体の印象を決める、とても大切な要素です。

ヘアサロン「ツイギー」のオーナースタイリスト、松浦美穂さんにカットをお願いするようになってから20年ほどでしょうか。全体のスタイルの印象は変えず、毎回私がお願いしているのは、前髪のつくり方です。サイドに流してシャープに見せるか、前髪を少し短くして若づくり感（笑）を出してもらうかは、季節によって変えてもらっています。

夏は服も軽やかになりますから、全体的に少々長めで、ひとつに結ぶこともできる、エレガントな2WAYスタイルです。冬はタートルなど肌見せが少ない分、ショートヘアでマニッシュな印象にしていただきます。

髪をカットするのは、女性にとって自分自身を「アップデート」していく作業です。何年経っても「変わらない」のではなく、その時代の空気感を取り入れて「更新」されている人は、素敵だなと感じます。

毎日、気をつけているのは、後頭部のボリューム感。ここがぺちゃんとしてしまうと、寂しい印象に。「何となくヘアスタイルが決まらない」ときや雨の日は、帽子やスカーフを活用してみては。

43 おしゃれ日々更新

「好きな服をできるだけ長く、きれいな状態で着続けたい」。ファストファッション全盛の流れの中で、もしかしたらこういう考え方は古いのかもしれません。

でも例えば、靴ひとつにも愛情を注ぎ、丁寧に使い続ける姿勢は、私たち大人世代だからできる、おしゃれの在り方ではないでしょうか。長く使い続けることで、おしゃれにその人自身の人生が反映されていくようで、とても素敵。私はそう思います。

一方で、変化を求め続ける姿勢も大切です。何も増えない、あるいは、増えたとしてもいつも同じような色・柄の服しか並んでいないのは、「退屈なクローゼット」。人生と同様、ファッションにも適度な「刺激」や「変化」は必要です。

例えば、グレーヘア、ホワイトヘアという選択。白髪の出方は個人差が大きいので、何歳から、とは一概に言えませんが、目安として全体の7割以上が白髪になったら、「染めない」のもひとつの選択肢です。最近では、50歳をこえたばかりのタレントさんがグレーヘアになさったのも、話題になりました。

確かに、年齢を重ねて肌の色がくすんでくると、人によっては真っ黒や濃い茶の髪が、顔立ちをキツく見せてしまうこともあるようです。

グレイヘアの利点は、「似合う色が増えること」。ピンクやイエロー、若草色など、透明感のあるパステルカラーが、黒髪よりもずっと自然に馴染みます。それでいて、ボルドー系など深みのある色も素敵。それまで「似合わないと思って着られなかった」色が、年齢を重ねることで着られるようになるなんて、本当に嬉しいことです。

私自身、スニーカーのおしゃれが本格的に楽しめるようになったのは、腰を痛めた50代以降。それまでは自分にスニーカーはカジュアルすぎると思い込んでいたのです。結果的に、腰痛によって「おしゃれの幅が広がった」のは、私にとって嬉しい誤算でした。

50代、60代を過ぎた女性であれば、多分、ひととおりのおしゃれの経験は積んできたはず。でも、おしゃれにときめく心を失わない限り、私たちは、まだまだ変われます！

これがファッションの楽しさであり、ますますおしゃれが好きになるのではないでしょうか。

おわりに

2010年2月にプロのスタイリストになりたい人たちに向けた、初の著書『スタイリストの鉄則　この人が語るからルールになる』を講談社様から出版していただき、早や9年が経ちました。

当時、「今までのキャリアを一冊の本として形にできたら良いな」と漠然と思っており、それがいざ現実になったのはうれしかったのですが、全てが初めて経験することばかりで、作業はとても大変で、心根が弱い（笑）私は、何度も挫折しそうになりました。それでも無事に出版できましたのは、これはひとえにスタッフの皆さまのおかげです。ただ、うれしい反面、もうこんな大変なことなら二度と経験したくないと、心に決めておりました。

時の流れは恐ろしいもので、この9年の歳月が私の心を奮い立たせ、今年古希を迎えた自分の「印」みたいなものをまとめて一冊の本にしたいと思うようになったのです。

今回は、私のプロとしての経験を土台に、読者の方の役に立つ内容や情報を紹介したい

と考え、まとめています。服はすべて私物で、モデルも務めさせていただきました。この一冊で、大人の女性のファッションに関するお悩みが解決できれば、それが私にとっての悦びです。

話は変わりますが、人生１００年時代と言われている今、１００歳の自分を想像できますか？　私は10年後の80歳に向かって歩き始めたばかりですが、１００歳になったときには何を着ているのでしょうか？　トレンドは何かしら、ヘアスタイルは？　流行の色は？　そんな事を考えていると、心がウキウキと楽しくなりますよね。

何歳になっても素敵でいたいと思う気持ちはみんな同じです。そのために大切なのは「見た目の若々しさ」であると思います。では、「見た目の若々しさ」を保つ条件とは何か、やはり健康ではつらつとしていること、そしておしゃれをすることが重要だと私は考えます。

「老けて見える人」と「若く見える人」の差って、何でしょうか？　年齢より若く見える人の外見的特徴は、年齢なりの体型維持、そして衣食住すべてにおいて自分のスタイルをきちんと持っていること。そして内面では、素直に自分の年齢を受け入れ、人生すべてを前向きに生きて、人と周りとの調和、バランス感覚を持ち、何よりも「自分を愛している人」だと私は思います。まぁ、理想ですけど。

ファッション、おしゃれとは、結局はその人の生き方や在り方がすべて表に出るものです。心身ともに健康な人は、何とも魅力的で周りの人を幸せな気持ちにさせてくれます。

一日一日を大切に、丁寧に暮らすことで、10年後の自分がどういられるのか、この本で私が提案させて頂いていることを少しでも参考にしていただきたく、「おしゃれは心の栄養」、若い頃の自分より、シミ、シワ、タルミ、色々ありますが、「今の自分が一番好き！」と言える自分でいてくださいませ。そして、この本を手に取って読んでくださった読者の方々の「美と健康」のために。

最後になりましたが、企画を進めてくださった講談社エディトリアルの堺公江さんと制作にご尽力くださった河西真紀さんをはじめ、スタッフのみなさまに心より御礼申し上げます。

２０１９年10月

梅原ひさ江

梅原ひさ江　うめはら・ひさえ

スタイリスト／ファッションディレクター。オフィス梅原主宰。1949年東京生まれ。日本大学芸術学部演劇学科卒業。舞台美術を学ぶ。スタイリスト・アシスタントを経て1972年独立。『夜のヒットスタジオ』（CX系）で芳村真理の衣装を12年間担当。これまで、かたせ梨乃、大地真央、水野真紀のスタイリングをはじめ、『家庭画報』（世界文化社）にて大人の女優のスタイリング、株式会社日建設計でのビジネスファッションに関するアドバイスを手掛ける他、CM、テレビ、舞台、雑誌など幅広く活躍中。著書に『スタイリストの鉄則 この人が語るからルールになる』（講談社）がある。

ブックデザイン／斉藤恵子
撮影／金　栄珠（本社写真部）
ヘアメイク／正木万美子（a feel）
イラスト／片塩広子
スタイリストアシスト／栗原綾
編集協力／河西真紀

60代《だい》からは自由《じゆう》に楽《たの》しもう
おしゃれ日々更新《ひびこうしん》

2019年10月16日　第1刷発行

著　者　梅原《うめはら》ひさ江《え》
発行者　渡瀬昌彦
発行所　株式会社講談社
〒112-8001　東京都文京区音羽2-12-21
販売 TEL 03-5395-3606
業務 TEL 03-5395-3615
編　集　株式会社講談社エディトリアル
代表　堺 公江
〒112-0013
東京都文京区音羽1-17-18　護国寺SAビル6F
TEL 03-5319-2171
印刷所　株式会社新藤慶昌堂
製本所　株式会社国宝社

ISBN978-4-06-517430-2